NOTICE HISTORIQUE

SUR LA

MILICE AMIÉNOISE.

NOTICE HISTORIQUE

SUR LA

MILICE AMIÉNOISE.

Milice communale, Garde bourgeoise et Compagnies privilégiées.

Par A^{te} JANVIER,

OFFICIER DE LA GARDE NATIONALE D'AMIENS.

> Telles étaient ces communes qui formaient le fonds de la véritable nation française, et dont notre ancienne histoire, à sa honte éternelle, ne parla jamais que pour les traiter de ribaudailles et de pédailles.
>
> CHATEAUBRIAND, *Analyse raisonnée de l'histoire de France et fragments.*

AMIENS,
IMPRIMERIE DE DUVAL ET HERMENT, PLACE PÉRIGORD, 3.

1851.

NOTICE

sur la

MILICE AMIÉNOISE.

PREMIÈRE PARTIE.

Faits auxquels la Milice d'Amiens a pris part.

Lorsqu'on lit attentivement les chroniques du moyen-âge, on les trouve entièrement remplies des récits de hauts faits des chevaliers, de beaux coups de lances donnés ou reçus en champs clos, de moult belles apertises d'armes faites par tels ou tels barons. Elles nous racontent comment telle ville ou tel château fut exillé, ars ou robé, ou bien encore comment telle abbaye, fut fondée par un noble et puissant seigneur ; la noblesse ou le clergé occupent exclusivement leurs pages ; le peuple seul y est oublié. En effet, quel intérêt pouvait offrir aux annalistes des xiv.ᵉ, xv.ᵉ et xvi.ᵉ siècles, tous sortis de ces deux castes, la vie des vilains, gens taillables et corvéables à merci, la vie même de ces bourgeois dont les généreux efforts devait faire éclore le premier germe de nos libertés et fonder ce tiers-état qui n'était rien et qui devint tout, de ces bourgeois qui grâce aux travaux des Brequigny, des Guizot, des Thierry, des Monteil ont enfin obtenu que l'histoire se soit occupé d'eux. Cependant sur les champs de bataille de nobles cœurs battaient aussi généreusement sous leurs grossières casaques de buffle ou de lin piqué, que sous le haubert aux mailles d'acier poli du grand seigneur, et souvent les milices bourgeoises des communes n'eurent rien à envier en gloire à la plus brillante chevalerie. Mais, je le répète, aucun chroniqueur ne leur a fait la part qu'elles avaient droit d'attendre; dans chaque récit de combat nous trouvons longuement détaillés les noms, les titres des princes, ducs, comtes, barons, chevaliers à bannières et à pennons; pas un mot du reste de l'armée, si ce n'est dans les termes méprisants de *pédaille*, de *ribaudaille*, et c'est presque toujours dans les délibérations d'un échevinage, dans les comptes des argentiers d'une cité qu'il nous faut aller rechercher les seules notions des actes guerriers de ces milices; ce sont là les seules tables où soient inscrits leurs fastes militaires. Ferons-nous aux historiens du temps passé un crime de ce silence dont nous nous plaignons? Non sans doute! L'ordre d'idées qui prévalait à l'époque où ils écrivaient explique naturellement leur préférence et tout en exprimant nos regrets nous ne pouvons que chercher à combler leurs lacunes. M. Mellinet a publié il y a quelques années, une histoire fort curieuse de la commune et des milices de Nantes. Je vais essayer de faire voir en peu de mots, que celle de la milice amiénoise ne serait pas moins digne d'attention.

L'origine des milices bourgeoises date de l'affranchissement des communes. Les communes, surtout dans le nord de la France, derniers restes des anciennes ghildes germaniques, étaient, on le sait, des associations de citoyens tendant à une protection, à une défense mutuelle, véritables fédérations dont le caractère peut se résumer par le seul mot de solidarité. Si la commune est violée, dit la charte de Noyon, tous ceux qui l'auront jurée devront marcher pour sa défense, et nul ne pourra rester en sa maison, à moins qu'il ne soit infirme, malade, ou tellement pauvre, qu'il ait besoin de garder lui-même sa femme ou ses enfants malades. Si un homme qui n'est pas de la commune, dit la charte d'Amiens, frappe ou blesse quelqu'un de la commune et refuse de comparaître en jugement, la commune si elle le peut démolira sa maison. C'était, on le voit, un pacte juré que tout associé était tenu de faire respecter ; l'injure faite à l'un d'eux blessant tous les autres, tous devaient s'armer pour la vengeance, et chacune des communes de France eût pu prendre pour devise à aussi juste titre que Saint-Quentin : *tot cives tot milites*.

Les devoirs des milices bourgeoises consistaient à veiller aux portes de la ville, faire le guet, s'assembler au son de la bancloque ou grosse cloche du Beffroi, soit pour repousser les attaques de l'ennemi, soit pour prêter aide et main-forte aux décisions du mayeur et de l'échevinage. Outre ce service local d'ordre et de sûreté, outre la défense et la garde de leurs foyers, elles étaient appelées aussi à venir combattre sous les bannières royales. Le service militaire que jadis les villes devaient à leurs seigneurs sous les dénominations d'ost et de chevauchée, depuis leur émancipation elles le faisaient pour le roi de France seul. Relevant alors directement du pouvoir central, elles fournissaient au prince, pour un temps que réglait d'ordinaire la coutume locale et quelquefois même la charte d'affranchissement, de bonnes troupes qui devaient être le premier exemple d'une infanterie régulière. Elles marchaient à l'appel du ban et de l'arrière ban, sous les ordres du bailli royal ou d'un capitaine nommé par la ville. Dès l'origine, l'armement des milices bourgeoises ne fut comme celui des autres fantassins de l'armée qu'une réunion d'armes sans choix et sans uniformité ; mais plus tard, et à mesure que les progrès de l'art militaire en eurent fait sentir le besoin, des corps d'élite, des armes spéciales furent créés. Ce furent les compagnies privilégiées qui par leur importance méritent d'obtenir un chapitre à part.

La commune d'Amiens avait reçu sa consécration par la prise et la destruction du Castillon, après une lutte sanglante qui avait coûté bien des larmes à ses citoyens, et, quelques années après, nous voyons pour la première fois sa milice apparaître dans les rangs de l'armée qui se réunit à Reims, autour de Louis-le-Gros, alors que l'empereur d'Allemagne, Henri V, menaçait la France d'une invasion. C'est du moins ce que nous pensons pouvoir induire de la vie de Louis VI par l'abbé Suger, où après avoir raconté que le comte Raoul de Vermandois conduisait une foule d'excellents chevaliers et une troupe nombreuse tirée de Saint-Quentin et de tout le pays d'alentour, bien armée de casques et de cuirasses, le biographe ajoute : Louis approuva que ceux de Ponthieu, Amiens et Beauvais, fissent l'aile gauche ; vraisemblablement par ces mots l'on doit entendre, selon nous, les milices amiénoises à qui la reconnaissance commandait d'ailleurs de ne pas échapper à l'enthousiasme qui éclatait en cette occasion pour la défense du royaume.

Si cette conjecture paraît hasardée, nous avons du moins des preuves plus authentiques de la conduite des Amiénois à Bouvines. A Tournai, dit Capefigue dans son histoire de Philippe-Auguste (1), vinrent se réunir aux barons par

---

(1) Histoire de Philippe-Auguste, couronnée par l'Institut, édition Charpentier, tom. II, pag. 145.

suite de la publication de l'arrière ban, les communes et leurs bourgeois. La première qui s'avançait en tête était celle d'Amiens ; la confrérie des gantiers avait fourni 10 hommes, celle des tréfileurs d'or 15, les enlumineurs d'images 20, les bouchers, vendeurs de poisson et pêcheurs à la ligne 25. Ils portaient une même bannière où se voyait peint le chef de St.-Martin leur patron. Les autres communes de Picardie avaient aussi noblement répondu à l'appel, on y comptait Noyon, Montdidier, Montreuil, Soissons, Bruyères, Crespy en Laonnais, Corbie, Compiègne, Roye et Beauvais. Tous les récits s'accordent pour nous montrer la hardiesse avec laquelle ces communes accoururent vers l'endroit où elles voyaient flotter la bannière royale, pénétrant dans toutes les batailles des chevaliers et se plaçant devant le roi lui-même, poste honorable où elles furent chargées et dispersées par la chevalerie allemande.

Dans sa branche aux royaux lignages, Guillaume Guyart a inscrit ces vers, témoignage de leur haute valeur.

> Les communes gens d'armes passent,
> Devant les chevaliers s'embastent,
> Entre le Roi et les Tyois,
> Se met Amiens et Corbiois.

Parmi les nombreux prisonniers qu'après la victoire les communes remirent aux mains du prévôt de Paris et dont l'histoire nous a conservé les noms, Amiens en comptait dix ; c'étaient Richard de Cologne, Beaudoin de St.-Léger, Jean de Coing, Gilbert de la Copèle, Conrad de Corasin, Henri Trosse, Hugues de St.-Obert ou de St.-Hubert, Borel de Fléchien, Jean de Biez et Beaudoin de Perenches.

Nous trouvons dans le curieux traité du ban et de l'arrière ban de Larroque, rôle de 1253, la liste des communes qui envoyèrent des sergents de pied, la voici : Laon 500 hommes,

Bruières 100, Soissons 200, Saint-Quentin 300, Péronne 300, Montdidier 300, Corbie 400, Amiens 300, etc., etc.

Nul doute pour nous que les milices amiénoises n'aient combattu en Flandres dans les expéditions qui suivirent le désastre de Courtrai, quand on voit les mesures énergiques que prit Philippe-le-Bel, en exigeant des non nobles de toutes les prévôtés ayant la valeur de cent livres parisis en meubles et de deux cents livres tournois en meubles et en héritage, de se trouver sans retard à la quinzaine de la Madelaine à Arras, *garnis et appareillés pour faire service;* en demandant par chaque cent feux roturiers, six sergents armés de pourpoints, haubergeons, gamboisons, bacinets et lances, *desquels six sergents il y aurait deux arbalétriers armés d'arbalètes.* Les Amiénois se battirent bravement à Mons en Puelle, et ce fut à leur valeur que le corps de la ville dut en 1307 d'être rétabli dans ses anciens droits, comme le prouve d'ailleurs cette charte : *Considerantes tamen attentius devotionis plenitudinem quam ad nos in guerris nostris fideliter serviendo, retroactis temporibus, habuerunt ipsorum hominum, se ad nostram recepi gratiam petentium humiliter et devote, supplicationibus inclinati, eisdem Majoriam, Scabinatum et statum villæ predictæ reddimus et restituimus* (1).

Le 24 septembre 1340, par lettres datées de son camp du pont de Bouvines, Philippe de Valois accorde aux Amiénois qui avaient fait auprès de sa personne un service de plus de quarante jours, des lettres de non préjudice (2).

Six ans après, le 16 août 1346, nous voyons la commune d'Amiens succomber avec gloire au Pas de Poissy. Laissons parler Froissard où est raconté tout au long ce funeste combat :

« Ainsi que le roi d'Angleterre chevauchoit et qu'il alloit

(1) Charte de Philippe IV, année 1307.
(2) Archives de la ville d'Amiens, registre aux Chartes A, folio 120, v°.

» son ost trainant, Messire Godefroy de Harecourt chevau-
» choit d'autre part d'un côté et faisoit l'avant-garde atout
» cinq cents hommes et douze cents archers. Si rencon-
» tra ledit Messire Godefroy d'aventure grand foison de
» bourgeois d'Amiens à cheval et à pied, et en grand arroy
» qui s'en alloient au mandement du roi Philippe vers Paris,
» si furent assaillis et combattus vitement de lui et sa route
» et ceux se deffendirent assez vaillamment, car ils étoient
» grand planté de bonnes gens bien armés et bien ordonnés,
» et avoient quatre chevaliers du pays d'Amiénois à capi-
» taines, si dura cette bataille assez longuement et en y eut
» de premiere venue plusieurs rués jus d'un côté et d'autre,
» mais finablement les Anglois obtinrent la place et furent
» lesdits bourgeois deconfits et presque tous morts et pris ;
» et conquirent les Anglois tout leur charroi et leur harnois,
» où il avait grand foison de bonnes choses car ils alloient à
» ce mandement devers le roi moult etoffement ; pour tant
» qu'ils n'avoient esté de grand temps hors de leur cité. Si
» en eut bien morts sur la place douze cents (1). »

En 1351, le roi Jean, en échange d'une aide d'un an, déchargea les Amiénois de servir en guerre, sauf le cas de convocation de l'arrière ban (2). Mais en 1356, pour ne pas payer le subside établi sous le nom de moutonnage courant, les Amiénois envoyèrent des gens de guerre devant le château de Breteuil (3).

Durant la régence du dauphin, depuis Charles V, la ville d'Amiens, sous l'influence des principaux de ses notables, se jeta avec ardeur dans le grand mouvement démocratique de 1358. Aussitôt après avoir tiré Charles-le-Mauvais roi de

(1) Froissard, édition Buchon, tom. I, chap. 274.
(2) Recueil des ordonnances des rois de France, tom. II, pag. 439.
(3) Daire, histoire de la ville d'Amiens, tom. I.

Navarre, du château d'Arleux, où la prudence du roi Jean le retenait déjà depuis deux ans, Jean de Picquigny l'amena à Amiens.—Il y fut reçu avec acclamation. Jacques de Saint-Fuscien, capitaine de la ville, Simon de Mes et Firmin de Cocquerel, tour à tour mayeurs, furent l'âme des mouvements qui suivirent. Chefs naturels de la milice, ils envoyèrent même un secours de cent hommes aux Jacques du Beauvoisis, empêchant, soit par ruse ou par violence, les habitants bien intentionnés, d'obéir aux injonctions du régent ; leur faction prit le chaperon rouge et bleu, fit alliance avec la ville de Paris, et nomma le roi de Navarre capitaine de la ville d'Amiens ; cependant les bourgeois, partisans de l'ordre, gémissaient de cet état de choses, et l'un d'eux, nommé Gelée, un jour que le maire avait rassemblé la milice sur le grand marché, se plaignant qu'on lui eut fait prendre les armes, eut le courage de dire à haute voix, que les bons se mettent d'un côté et les Navarrais de l'autre. Par suite d'une réaction qui s'était opérée par le menu peuple en faveur du régent, ce prince avait accordé à la ville des lettres de rémission et l'oubli du passé, lorsque le 16 de septembre, Jean de Picquigny, à l'aide des intelligences qu'il avait conservées dans la place, tenta de nuit un coup de main. Déjà les Navarrais étaient maîtres de la porte au Val, quand le bruit des armes, les cris des combattants réveillèrent les Amiénois. Ils s'élancèrent courageusement à la porte qu'ils défendirent avec succès jusqu'au moment où le connétable de Fiennes et son neveu, le comte de Saint-Pol, arrivant de Corbie, vinrent ranger leurs soldats en bataille derrière cette porte. Ce secours ranima les forces des bourgeois. Dans les rues, des fallots, des feux s'allumèrent de toute part pour dissiper l'obscurité (1), et les Navarrais voyant leur tentative

---

(1) Si l'alarme ou effroi survient de nuit, il est enjoint aux habitants de

avortée, se retirèrent après avoir pillé et incendié le faubourg (1).

Le supplice des adhérents de Charles-le-Mauvais à Amiens et à Laon, releva le courage du parti royaliste en Picardie, et le connétable résolut d'en profiter pour enlever aux Navarrais Saint-Valery. Il demanda des troupes aux bonnes villes, et Tournai, Arras, Lille, Douai, Béthune, Saint-Omer, Saint-Quentin, Péronne, Corbie, Abbeville, et Amiens lui envoyèrent des forces; *se étoient bien 2,000 chevaliers et écuyers et environ 12,000 d'autres gens de communauté des bonnes villes, et tous à leurs propres frais.* Après plusieurs mois de siége la ville se rendit, et les milices communales qui avaient concouru à ce résultat, prirent part à l'expédition que le connétable dirigea à la poursuite de Philippe de Navarre, qui s'était avancé à la tête de 3,000 hommes pour tenter une diversion (2).

En 1371, le 4 juin, Charles V réquit les Amiénois de s'organiser pour la défense du royaume; les bourgeois riches devaient être montés et armés, et les autres *convenablement en estat de bonne deffence telle qu'il les peut avoir* (3). Le 21 du même mois il prescrit aux échevins de ne laisser entrer dans la ville aucun corps de troupe si la milice bourgeoise ne lui est supérieure en nombre, à moins cependant que ces troupes ne soient commandées par gens de sang royal, officiers du roi, ou autres de bonnes *congnoissances* (4).

En 1373, Daire nous montre les arbalétriers d'Amiens pas-

faire mettre de la lumière à leurs huis et à ceux qui ont charge de quelques fallots, les allumer promptement. (Livre noir, ordonnance relative à la garde et sûreuté de la ville d'Amiens.)

(1) Froissard, édit. cit., liv. I, part. II, chap. 77.
(2) Idem, chap. 79 à 85.
(3) Archives d'Amiens, registre aux chartes, §. I, notice n.° 161.
(4) Idem, notice n.° 158.

sant la Loire sous la conduite du bailli, qui, à cette époque, se nommait Jean Barreau.

Mais raconter en détail toutes les phases de l'histoire des Milices amiénoises serait fort bon, si je n'avais eu le dessein de ne tracer ici qu'une simple notice. Qu'il me suffise donc de mentionner les tentatives faites auprès des villes de Picardie par les factions orléanaises et bourguignones, pour les attirer dans leurs partis ; le siége de Ham, en 1410, pendant lequel s'élevèrent *grand hutins, noises et querelles* entre les Flamands et les Picards, l'appel du roi Charles VI du 14 octobre 1411, par faire venir, dit la lettre adressée au bailli d'Amiens, tous hommes et vassaux de nous tenant, tant en fiefs qu'en arrière-fiefs, et aussi des gens des bonnes villes de notre royaume, qui ont accoutumé d'user d'armes par forme et manière d'arrière ban, pour nous servir, aider et défendre notre dite seigneurie et lignée contre les devant dits (la faction d'Armagnac) ; les expéditions du bailli et du vidame d'Amiens, les défenses du roi de prendre les armes sans son commandement exprès, l'appel fait pour réunir à Montdidier, le 5 février 1413, les troupes destinées à agir contre le duc de Bourgogne, celui des 8 et 10 février pour le même sujet (1) ; enfin, les gens de guerre, les charriots de vivre et d'armes qu'Amiens envoya au roi *en son ost*, devant Arras, pendant le siége de 1414 (2).

En 1415, en conséquence du mandement fait par le roi, à Meulan, le 20 septembre, l'on envoya de l'artillerie et du monde pour recouvrer la ville d'Harfleur. Daire nous apprend que le 5 octobre le roi déchargea les Amiénois de l'obligation d'aller servir au dehors; mais M. Ch. Louandre, dans son excellente *Histoire d'Abbeville et du comté de Pon-*

---

(1) Monstrelet, édit. Buchon, chap. 85, 88, 89, 97, 109, 111, 113, 118, 120, 122, 123.

(2) Registres aux comptes de la ville.

thieu, nous fait voir les milices bourgeoises d'Amiens, d'Abbeville et de Montreuil, soutenues par un bon corps de troupes et protégées par une barrière de palissades et de canons, garder le gué de Blanquetaque, qu'Henri V sachant défendu, renonça à attaquer; récit confirmé du reste par une délibération de l'échevinage d'Amiens du 13 octobre, qui, d'après les injonctions formelles du connétable d'Albret, décide d'envoyer à Abbeville, pour se joindre aux forces qu'il commande, 30 arbalétriers et 20 pavoisiers. Le 30 du même mois, une autre délibération accorde à la demande de la ville de Boulogne et à ses frais, pour le bien et la sûreté du royaume, un secours de xii ou xcj arbalétriers

Pour venir au secours de Rouen, l'on demanda, en 1418, des gens d'armes et des arbalétriers aux bonnes villes de l'obéissance du roi. Les comptes de Robert Auxcousteaux, grand compteur, nous apprennent quelles sommes furent payées au carme Legrain dit Pavilly, pour plusieurs journées *qu'il avait vacquié en desmonstrant et preschant le peuple, afin de le mouvoir au secours de la ville de Rouen, assiégée par les Anglais, anchiens ennemis du roy, notre sire.* Mais le pauvre royaume de France tombait en dissolution; le roi et le duc de Bourgogne ne se crurent pas assez fort pour essayer une diversion; l'on licencia la plus grande partie des gens des bonnes villes qu'on avait appelés, et Rouen, après une héroïque résistance, dut enfin capituler.

En 1419, Jean de Luxembourg vint reprendre Roye sur les Dauphinois; à sa requête Amiens et Corbie lui envoyèrent, sous la conduite du sire d'Humbercourt, bailli d'Amiens, des arbalétriers, des canons et un grand nombre d'autres habillements de guerre, qui lui furent d'un puissant secours pour emporter la place (1).

(1) Monstrelet, chap. 227.

En 1421, le duc de Bourgogne ayant appris que le sire d'Offemond et Saintrailles s'étaient rendus maîtres de Saint-Riquier, réunit un corps de gens d'armes et d'arbalétriers des bonnes villes pour les aller assiéger (1), et s'en vint loger devant Pont-Remy, occupé par un parti de Dauphinois retranché dans l'île et le château. Les troupes du duc avaient pris position dans de grandes maisons devant le pont; mais les Dauphinois y ayant mis le feu à l'aide de fusées, les contraignirent à rétrograder. *Le lendemain*, dit Monstrelet, *les arbalétriers d'Amiens et autres gens d'armes qui les conduisoient dedans environ douze bateaux, avallèrent par la rivière de Somme, prêts pour combattre ladite ville et châtel, mais les dessus dits Dauphinois sachant la venue desdits bateaux, tout épouvantés, avallèrent et troussèrent leurs bagues,* et s'enfuirent incontinent au château d'Airaines, laissant Pont-Remy sans défense. Après avoir campé plusieurs jours devant Saint-Riquier, le 29 août, *à jour failli*, le duc apprenant qu'un corps de dauphinois s'avançait au secours de la place, leva le siége, et laissant à Abbeville les arbalétriers des bonnes villes qui retardaient sa marche, vint battre ses ennemis à Mons-en-Vimeu (2).

Au siége des châteaux d'Airaines, entrepris par Jean de Luxembourg, la ville d'Amiens lui envoya 8 arbalétriers et 6 pavoisiers, qui reçurent pour salaire 66 livres 16 sols parisis.

Elle fournit encore, en 1435, des arbalétriers pour garder la ville de Dieppe, dont le connétable s'était emparée, et secourut aussi le Crotoy. Dans le même temps, ajoute Daire, la commune d'Amiens et quelques autres des environs, noyè-

---

(1) Et sur cette intention s'en alla à Amiens où il fit requête d'avoir aide de gens d'armes, laquelle lui fut accordée, idem, chap. 254.

(2) Idem, chap. 255, 256.

rent leurs capitaines. Malgré toutes nos recherches, nous n'avons pu découvrir les preuves de cet évènement, et nous avons tout lieu de penser que l'annaliste d'Amiens a voulu en ce passage raconter la sédition qui éclata dans la ville lors du maintien des impôts levés par le duc de Bourgogne.

En 1440, le château de Folleville, près Montdidier, était tenu par une compagnie d'Anglais qui ravageait les environs. Le seigneur de Daours, attaqué un jour par eux, et ne se sentant pas assez fort pour leur résister, courut en hâte demander secours à Amiens. *Si trouva le seigneur de Saveuse, capitaine de ladite ville d'Amiens, et plusieurs autres gentilshommes et autres gens de guerre, lesquels avec aucuns du commun se mirent à voie tant de cheval comme de pied, et poursuivirent iceux Anglois.* Ils les atteignirent auprès de Folleville, chargés d'un grand butin, mais l'impétuosité des gens de cheval perdit tout; sans attendre l'infanterie, ils s'élancèrent en désordre sur les Anglais, qui supérieurs en nombre, en tuèrent beaucoup. Le sieur de Saveuse *voyant la besogne être ainsi mal tournée, entretint au mieux qu'il put ceux de pied, lesquels il avait en son gouvernement, et avecques ceux de cheval qui estoient échappés de la besogne dessus dite, les ramona à Amiens, moult triste et déplaisant de cette mâle aventure* (1).

Deux ans après la ville d'Amiens fournissait 1,200 livres, des armes, des munitions, pour déloger du château de Milly, Pierre Regnault, l'un des plus fameux capitaines d'écorcheurs.

Le 5 août 1443, les Amiénois reçurent la visite du dauphin Louis, dit le chanoine Lamorlière dans ses *Antiquités de la ville d'Amiens*, qui venait les remercier sans doute du devoir et bonne assistance qu'ils avaient rendu au roi, son père,

---

(1) Idem, chap. 254.

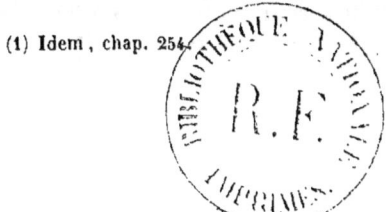

2.

d'armes et d'argent ès siéges de Montreau, Creil, Pontoise et à l'avitaillement encore de Dieppe. Le 9 novembre 1449, les Amiénois envoyèrent des arbalétriers et d'autres secours au comte d'Eu qui assiégait le Crotoy.

Sous Charles VIII, en 1489, une partie de la milice amiénoise tenait garnison à Saint-Omer; le 11 février, à quatre heures du matin, un corps allemand entra dans la place à l'aide des intelligences qu'il s'y était ménagées. La garnison, après une lutte acharnée, dut se retirer dans le château qui fut vivement attaqué, malgré la présence du maréchal d'Esquerdes, accouru, trois jours après, avec 6,000 hommes. Les registres aux délibérations de l'échevinage, constatent que plusieurs archers d'Amiens reçurent de graves blessures en le défendant (1). Le maréchal d'Esquerdes désespérant de le conserver, le fit évacuer de nuit.

Peu après s'être emparé d'Arras, Maximilien essaya d'enlever Amiens. La tentative eut lieu de nuit, près la porte St.-Pierre; déjà l'ennemi franchissait les remparts, quand une sentinelle, avertie par une femme, Catherine Delice, donna l'alarme. Au son de la grosse cloche du Beffroi, la bourgeoisie se range autour du seigneur de Rubempré et du mayeur Antoine Clabaut, et charge énergiquement les assaillants. Malheureusement ce récit qu'on trouve dans Daire et dans Decourt, n'est pas appuyé de preuves convaincantes, et le silence que gardent sur cet événement les registres de la mairie, ont fait naître quelques doutes sur son authenticité.

Les règnes de François I.er et de ses successeurs vinrent offrir aux bourgeois de nouvelles occasions de déployer leur

---

(1) Délibération du 26 février 1489, 15.e regist. cote T.
La ville d'Amiens paya les frais qu'occasionna la guérison de ces blessures. (Compte de la ville de 1488 à 1489, registre coté 65, V 3.

valeur et de prouver leur dévouement au pays. En 1522 l'on voulut, contrairement à leurs priviléges, les contraindre à fournir 300 hommes de guerre, mais ils en furent déchargés le 10 mai, moyennant finance. En mars 1524, les Amiénois envoyèrent à Montreuil du blé et des canonniers; il y avait si peu d'argent dans les coffres royaux, que le gouverneur fut fort heureux de trouver à emprunter d'un président du parlement de Rouen, qui passait par hasard, de quoi pourvoir aux premières nécessités. En 1539, sous la mairie de Pierre Louvel, dit un manuscrit (1), les messieurs de la ville envoyèrent 13 pièces de canons à Saint-Quentin; en 1542, l'on ravitailla encore Montreuil, que les Anglais assiégeaient; en 1544, la ville fournit par jour 50,000 pains à l'armée royale, l'on arma tous les habitants, et l'on jeta des arquebusiers dans Corbie, pour mettre cette place à l'abri des insultes de l'ennemi. En 1553, l'on envoya des arquebusiers à Doullens, des couleuvriniers et des munitions à Montreuil, de l'artillerie à Auxi-le-Château, et l'on renforça la garde de la ville d'Amiens. L'année suivante, au commencement de la campagne, les compagnies privilégiées allèrent rejoindre l'armée du roi, et le 12 novembre, la bourgeoisie resta sous les armes depuis six heures du matin jusqu'à deux heures de l'après-midi, parce que l'ennemi pillait le plat pays et faisait des courses autour de la ville.

Après les guerres étrangères la guerre civile, la guerre de religion. Le deuxième dimanche de l'Avent de 1561, les compagnies privilégiées prennent les armes pour empêcher les suites du pillage de la maison de la demoiselle Marcet; le 30 juin 1562, malgré leur présence, de nouveaux désordres éclatent. En 1568, 200 hommes de ces compagnies condui-

(1) Bibliothèque communale d'Amiens. MS. Bernard, maître d'école de Saint-Firmin-le-Confesseur, copie de M. Delahaye.

sant des doubles canons de batterie, des poudres et d'autres munitions, vont, avec le maréchal de Cossé-Brissac, reprendre St-Valery sur le calviniste Cocqueville. En 1581, l'on envoie 120 arquebusiers et 12 canons au camp devant la Fère, dont le prince de Condé venait de s'emparer.

A la réforme succéda la ligue qu'Amiens embrassa avec ardeur. En 1588, 30 arquebusiers furent détachés à Corbie sur la demande de Belleforière, gouverneur de cette place, qui, député aux états de Blois, craignait qu'on ne s'en emparât par surprise ; 30 autres furent envoyés à Moreuil et l'on transporta des poudres à Montdidier. Le 25 janvier 1589, Balagny, gouverneur de Cambrai, s'empare du château de Chaulnes avec l'aide du canon d'Amiens que les privilégiés lui avaient amené ; le 18 avril, le duc d'Aumale prend avec le même canon le château de Davenescourt. Le 23 décembre (1), le château de Conty est repris sur les royalistes, les compagnies privilégiées et trois pièces de canons fournies par l'échevinage, forcèrent la garnison à capituler. A la nouvelle de ce résultat, le corps de la ville s'empressa d'envoyer des pics, pelles, pioches et autres outils, avec lesquelles, en moins de huit jours de temps, les privilégiés rasèrent entièrement le château. Le 9 décembre de l'année suivante, l'on publia à son de trompe que l'on récompenserait ceux qui voudraient marcher sous le sieur de Saisseval, contre le Béarnais. En juin 1592, la ville leva 400 hommes de pieds. La réaction, en faveur d'Henri IV, mit un terme à tous ces troubles.

Mais voici une page bien triste pour nos annales, c'est l'année 1597. Les habitants, jaloux de leurs vieilles franchises, avaient refusé la garnison que le roi avait voulu leur donner.

(1) Pagès, dans ses mémoires manuscrits déposés à la Bibliothèque communale d'Amiens, dit le 23 octobre.

La garde de la ville se faisait mal de jour à cause de la contagion qui y sévissait. De malheureux artisans de service à la porte Montre-Écu se laissent prendre par un sac de noix, et les Espagnols s'emparent de la ville à l'improviste, ne rencontrant que les résistances partielles et inutiles de quelques généreux citoyens. Pour assurer sa possession paisible, Hernan-Tello fit procéder à un désarmement général; les armes, réunies en monceau sur le Marché-au-Blé, furent arrosées d'eau pour les mettre hors de service et déposées en lieu sûr. L'on sait le reste; et le préambule de l'édit du 25 novembre, qui établit à Amiens une garnison et un gouverneur, montre assez la rancune que le bon Henri garda aux Amiénois.

Le règne de Louis XIII nous fait voir l'antipathie des Amiénois pour Concini, antipathie qui faillit souvent dégénérer en scènes sanglantes; aussi fut-ce avec peine que les privilégiés d'Amiens reçurent, le 22 octobre, 1615, l'ordre de conduire le canon devant Clermont, assiégé par ce favori. Le 12 juillet 1635, à la nouvelle de la déclaration de guerre contre l'Espagne, le duc de Chaulnes partit d'Amiens avec sa compagnie et trois pièces de canon qu'escortaient les privilégiés. L'année suivante, si connue dans l'histoire sous le nom d'année de Corbie, vint demander à la milice bourgeoise de nouveaux sacrifices, de nouveaux services. Le 28 mars suivant les uns, le 1.er avril suivant d'autres, les maîtres saieteurs de la ville, mécontents du nouvel impôt d'un sou pour livre que l'on venait d'établir sur leurs produits, congédièrent leurs ouvriers. La populace s'attroupa, voulut piller quelques maisons, et se porta, en proférant des menaces, sur la place du Marché-au-Fil, à l'auberge de l'Eléphant et du Rouge-Taureau, où se tenaient les commis préposés à la perception, les soldats de la garnison de la citadelle qui les gardaient dûrent, pour disperser cette foule, tirer quelques coups de mousquets qui blessèrent trois ou quatre personnes.

Craignant les suites de cette affaire, la milice bourgeoise prit les armes. Le duc de Chaulnes, gouverneur d'Amiens, instruit du désordre, arriva en toute hâte dans la ville à dix heures du soir, accompagné seulement d'une soixantaine de cavaliers, et parcourut les rues à leur tête. Le lendemain l'émeute recommença; elle accueillit à coups de pierres le duc de Chaulnes, qui la chargea avec ses cavaliers et une partie de la milice qu'il avait trouvé sous les armes. L'arrestation de plusieurs mutins mit fin à cette rébellion. Mais par mesure de précaution, le 5 avril un corps de 800 Suisses vint augmenter la garnison de la place; 200 partageaient chaque jour le service avec la milice. Ils occupaient, dit l'auteur qui nous a conservé ces détails (1), le corps-de-garde qui est à chacune porte au dedans de la ville, posant une sentinelle au-devant de leur corps-de-garde, une proche le pont-levis, et une à la barrière placée hors de la ville. Les bourgeois occupaient le corps-de-garde entre deux portes de la ville, pendant le jour posant aussi une sentinelle à la barrière. La nuit ils relevaient les Suisses qui occupaient le corps-de-garde sur le rempart au-dessus de la porte. Ce renfort permit de ne plus faire monter par jour qu'une compagnie de la milice; mais le 5 juillet la garnison étant allé joindre l'armée, le service reprit toutes ses exigences. Les Espagnols venaient de franchir la frontière et de s'emparer de la Capelle, de Bray, du Castelet; l'on fit aussitôt les dispositions nécessaires pour mettre la ville à l'abri d'une insulte en démolissant les faubourgs. Le 20 juillet les privilégiés conduisirent du canon à Picquigny pour défendre le passage de la Somme. Le 2 août l'on prescrivit aux habitants de ne sortir de chez eux que l'épée au côté. Le 4, les Espagnols avaient franchi la Somme; le lendemain et les jours suivants,

---

(1) Pagès, manuscrits cités, 6.ᵉ dialogue, p. 25.

l'on commanda tous les jours trois compagnies de la milice pour travailler à tour de rôle aux fortifications, et notamment à la demi-lune de la porte Noyon, à celle de la fausse-porte Paris, à celle de la Hotoie. Le lendemain le bruit court que la porte Noyon vient de tomber au pouvoir de l'ennemi; l'alarme se répand dans la ville, tous ses habitants prennent les armes; ce n'est heureusement qu'une fausse alerte. Le 7, cependant, les Espagnols brûlaient Longueau, le 8, Saleux-Salouel, ils continuèrent les jours suivants à piller et dévaster les environs. Pour châtier l'insolence de ces corps de partisans, l'on forma, dans Amiens, une compagnie de cavalerie composée de paysans volontaires, qui, avec quelques troupes commandées par le capitaine Pagès et le seigneur d'Heucourt, rendit de grands services.

La capitulation de Corbie jeta la consternation dans Amiéns; l'idée de trahison germait dans toutes les têtes, et sous cette influence, un grand nombre de citoyens se refugia à Dieppe et à Rouen, plusieurs même abandonnèrent leurs demeures pour fuir, sans savoir où ils allaient. Le 19 août, Louis XIII écrivait aux magistrats d'Amiens la lettre suivante, pour les exhorter à faire leur devoir dans cette crise périlleuse :

A NOS CHERS ET BIEN AIMÉS LES MAIRE, ECHEVINS ET HABITANTS DE NOTRE VILLE D'AMIENS.

« Chers et bien aimés, le bon ordre que nous établissons
» en notre ville d'Amiens, et les soins continuels que nous
» apportons pour la mettre en état de se garantir en cas que
» les ennemis la vinssent attaquer, vous font assez connoître
» combien nous chérissons votre conservation. Nous croyons
» aussi que vous y correspondrez, et c'est à quoi nous vous
» exhortons de toute notre affection, persévérant en la résolu-
» tion généreuse que vous avez prise de vous défendre avec la
» constance à laquelle votre honneur, votre conscience et

» votre propre salut vous obligent, ce que si ceux de Corbie
» se fussent représentés comme ils devaient, ils ne seraient
» pas tombés au malheur, en se rendant lâchement, d'être non
» seulement le mépris et la proie, ainsi qu'ils sont présents,
» de leurs ennemis, mais encore odieux et en horreur à tous
» les gens de bien. Nous nous assurons que vous et vos su-
» jets profiterez de cet exemple, et que vous aimerez bien
» mieux conserver par votre courage et fidélité vos biens,
» votre honneur et vos vies, que d'attirer sur vous, par au-
» cune lâcheté, une infamie perpétuelle et votre propre
» ruine.

» *Donné à Chantilly, le 19.me jour d'août* 1636.

» Louis. (1) »

La ville d'Amiens reçut alors une garnison formée des deux régiments d'infanterie de Périgueux et de Saintonge, ainsi qu'un corps de Suisses; mais ces forces n'empêchèrent pas les ennemis de continuer leurs courses, de mettre le feu aux villages environnants et même au faubourg Saint-Pierre. Le 4 septembre cependant une assez vive escarmouche eut lieu au faubourg de Noyon vers la Fosse-Ferneuse, où une partie de la garnison battit un détachement espagnol qui s'était aventuré jusques-là. Pendant tout le temps de l'action, les habitants demeurèrent en armes dans leurs quartiers respectifs, prêts à agir à l'occasion. L'investissement et la prise de Corbie par l'armée royale vint rendre le repos à la ville qui, outre les périls de la guerre, souffrait alors de la peste.

En 1653, les Amiénois eurent encore à repousser les partis espagnols qui ravageaient leurs environs. En 1656, Louis XIV ayant besoin de soldats pour garder Béthune, pria les

---

(1) L'original de cette lettre se trouve dans les archives de l'Hôtel-de-Ville; liasse **D 12**, p. 69.

compagnies privilégiées d'y tenir garnison. Elles s'empressèrent d'obéir, comptant bien que le monarque les défrayerait de leurs dépenses; mais le grand Roi leur laissa supporter les frais de voyage et de séjour.

Au déclin de ce règne, alors que le maréchal de Boufflers défendait avec tant d'héroïsme contre les alliés la ville de Lille, un parti d'environ 500 hussards ennemis vint brûler le village de Lucheux et la cense de Bouquemaison. Ces incendies jetèrent l'alarme dans l'esprit des paysans des villages circonvoisins, traînant à leur suite leurs vaches et leurs bestiaux, emportant dans leurs charettes ce qu'ils avaient de plus précieux et semant la peur dans tous les lieux qu'ils traversaient, et dont les habitants les imitaient instinctivement, ils se réfugièrent en foule à Amiens. Pour parer à tout événement, l'on fit monter par jour quatre compagnies de la milice. Au bout de quatre jours, comme ce parti ennemi s'était retiré vers Lens en Artois, on ne commanda plus que deux compagnies jusques au mois de décembre ou par suite de la capitulation de Lille, cinq bataillons de troupes réglées et un régiment de cavalerie vinrent tenir garnison.

En 1710, lorsque le camp de Renancourt fut levé, pour placer la ville à l'abri de toute insulte, l'on mit la citadelle en état de défense, les canons furent placés sur des affûts et la milice monta la garde, le mousquet chargé jusqu'à l'arrivée d'un corps de cavalerie. Pendant tout l'été, deux compagnies firent chaque jour le service, et les privilégiés occupèrent le poste du pont du Maucreux. Le jour de l'Ascension, la garde bourgeoise avait été passée en revue sur le Mail, par M. de Sailly, chevalier de Saint-Louis. Elle défila devant lui par compagnie en entrant par la rue des Rabuissons, et sortant par celle Saint-Dominique, puis elle alla se ranger en haies dans les rues des Jacobins et des Rabuissons où l'on fit l'inspection des armes.

Depuis le règne de Louis XV jusques à 1789, les évènements qui se succédèrent n'appelèrent plus la milice à l'honneur de défendre ses foyers, et on ne la vit prendre part, dans cette période, qu'aux cérémonies publiques.

C'est sous ce nouveau point de vue que nous allons l'envisager succinctement.

Chaque année, les compagnies privilégiées escortaient le maire à la cérémonie stationnaire, la veille de la fête de la Saint-Jean-Baptiste, ainsi qu'au feu qui se faisait le 25 septembre, sur la place de l'Hôtel-de-Ville, à l'occasion du renouvellement de l'échevinage. Elles assistaient également à celui qui avait lieu le 12 août sur le grand Marché, en commémoration de la conquête de la Normandie par le roi Charles VII. Rangées sur les quatre côtés de la place, au moment où l'on mettait la flamme au bûcher elles faisaient une salve générale de mousqueterie (1).

Lorsque le roi de France faisait son entrée dans Amiens, la bourgeoisie, sous les armes, était rangée en haie depuis le faubourg par lequel il arrivait jusques à son hôtel, sous les fenêtres duquel toutes les compagnies défilaient en déchargeant leurs mousquets. En 1689, quand Jacques II, accompagné du duc de Berwick, passa pour se rendre à Paris, il fut reçu avec les mêmes honneurs. Les compagnies privilégiées et la jeunesse allèrent à sa rencontre jusques à une lieue (2).

Pour un prince gouverneur général de la province, la milice bordait les rues depuis la porte Beauvais jusques à la cathédrale et depuis la cathédrale jusques à son hôtel; quatre compagnies et la jeunesse allaient au devant de lui. En 1620, à l'entrée du duc de Luynes, l'on fit armer les compagnies prévilégiées et la jeunesse sous les ordres de Jean Ducroquet. D'Erle, l'un

---

(1) Lamorlière, antiquités de la ville d'Amiens.

(2) Daire, histoire de la ville d'Amiens.

des échevins nommé colonel de l'infanterie, la conduisit hors de la ville et en forma un bataillon carré. Au sortir de la cathédrale, il fit faire une salve générale. Ce cérémonial avait paru si beau, qu'on voulut quelques temps après le répéter pour Louis XIII ; mais ce prince répondit qu'il se contentait d'être reçu de cœur et d'affection.

Pour une gouvernante, pour l'évêque, pour un gouverneur particulier la bourgeoisie bordait également les rues. Toutes ces cérémonies se terminaient invariablement par des salves de mousqueterie plus ou moins nombreuses, selon le rang et les qualités de l'hôte qu'on recevait. Si dans des circonstances analogues l'on dérange aujourd'hui nos gardes nationaux, il faut reconnaître également que l'on y brûle beaucoup moins de poudre ; pour honorer le grand Turenne, les privilégiés montèrent la garde devant la porte de l'hôtel de Mme de Fricamps où ce général était descendu, depuis le 2 mai 1656 jusqu'au 21, jour de l'arrivée du roi. (1)

La milice bourgeoise d'Amiens assista aux nombreux *Te Deum* qui furent chantés en l'honneur des victoires de Louis XIV et des traités de paix qui en furent la suite ; au mois de septembre 1729, elle formait la haie sur le passage de la procession en actions de grâce pour la naissance du dauphin. Deux de ses compagnies, tambours battants, enseignes déployées, ouvraient et fermaient la marche.

Enfin au convoi du duc de Chaulnes, pair et maréchal de France, les compagnies privilégiées suivaient le corps, le fusil renversé, les tambours faisant entendre de sourds roulements sur leurs caisses drapées d'étoffe noire, et tous les officiers de la milice bourgeoise y assistèrent vêtus de deuil.

On pourrait faire un volume avec le récit de toutes les

---

(1) Pagès, 12.e dialogue, page 64.

cérémonies où la milice bourgeoise prit part. Les rapporter ici ne serait que grossir inutilement notre notice sans aucun avantage réel, nous renverrons donc le lecteur qui désirerait en savoir d'avantage sur ce sujet aux différentes histoires d'Amiens, et aux manuscrits de Pagès, de Décourt, de M. Ach. Machart, etc., etc. (1)

(1) Citons l'entrée d'Henriette d'Angleterre, de M. de Bar, le 24 avril 1657; du duc d'Elbœuf, le 25 mars 1658; du duc de Longueville, le 9 avril 1660; du Vidame d'Amiens, en 1643; la fête de la reddition de Mons, en 1670; de la publication de la paix avec la Savoie, en 1696; de la paix de Ryswick, en 1697, etc., etc.

DEUXIÈME PARTIE.

Des Compagnies privilégiées et spéciales.

Les compagnies privilégiées de la ville d'Amiens furent au nombre de cinq. C'étaient les archers du grand serment, ceux du petit serment, les arbalétriers, les couleuvriniers et les arquebusiers.

§. I.er — Archers.

L'arc, de toutes les armes de trait, était sans contredit la plus ancienne, mais c'était une arme roturière, et qui fut longtemps méprisée jusqu'à ce que les sanglantes journées de Crécy, de Poitiers et d'Azincourt eussent fait connaître quels terribles effets elle produisait dans des mains habiles. Ce fut véritablement pour opposer des rivaux dignes d'eux, aux célèbres archers anglais, que se créèrent, dans le nord de la France, ces compagnies bourgeoises d'archers, ces confréries de Saint-Sébastien, que l'on rencontre même encore aujourd'hui dans certaines villes de Picardie, de Belgique et de Flandres (1).

---

(1) Il existe encore aujourd'hui à Amiens, dans le fossé du boulevard Saint-Jacques, un jeu d'arc.

Les archers du grand serment étaient à Amiens composés de 90 hommes; c'était la plus ancienne des compagnies privilégiées de la ville; mais on ignore à quelle époque précise elle prit naissance. Suivant Daire, Philippe-le-Bon, duc de Bourgogne, pour les indemniser des frais qu'ils faisaient pour la défense de la ville, leur accorda deux quênes de vin chaque dimanche de l'année, et 20 livres et 40 gros de Flandres pour une année, à compter de 1435. Son successeur, Charles-le-Téméraire, leur confirma, le 23 mai 1466, l'octroi du vin et fournit à leur jeu d'arc. Enfin, Louis XI leur accorda les privilèges dont jouissaient les archers parisiens, et dont les plus importants consistaient dans l'exemption des tailles, impositions et gabelles.

Le capitaine ou maître des archers était élu le jour de la St.-Sébastien (1). A son entrée en fonctions, il devait prêter serment à Dieu et à M. St.-Sébastien d'exercer fidèlement sa charge, de garder et faire garder les statuts de la compagnie, de ne pas souffrir que le nom du Seigneur soit blasphémé, de ne permettre aucun monopole contre le roi, la ville et la compagnie et d'en avertir les anciens capitaines, d'entretenir le jardin en bon état, de remettre chaque dimanche les fonds du roi et de visiter les armes de la compagnie. Le livre noir que nous avons déjà cité voulait que cette inspection eût lieu au moins quatre fois l'an, et attribuait au capitaine la moitié des amendes imposées aux compagnons dont l'équipement n'était pas complet ou se trouvait en mauvais état.

Les obligations imposées à l'archer étaient nombreuses. Il devait entretenir en l'église St.-Leu, devant l'image de St.-Sébastien, un cierge d'au moins une livre pesant, avoir la

---

(1) Comptes de la ville : aux archers du grand serment, au jour St.-Sébastien, au renouvellement de leur maître, 1 écu.

livrée de la compagnie, être muni d'armes, en cas d'élection accepter la maîtrise, contribuer aux frais et taxes de la confrérie et de son jardin, en observer les brefs et les statuts, dénoncer au maître ou à son lieutenant tout monopole contre le roi, la ville ou la compagnie, contribuer aux réparations du jardin, ne s'y jamais présenter en société de femmes publiques, enfin ne pouvoir quitter la compagnie qu'avec la permission du maître et des princes. Tous ces devoirs lui étaient retracés dans la formule même du serment qu'il prêtait, lors de sa réception, au nom de Dieu et M. St.-Sébastien sur le pain, le vin et le sel, d'exercer fidèlement son état d'archer.

Chaque année, le jour de la St.-Sébastien, la compagnie des archers faisait chanter une messe solennelle dans la chapelle, située au côté gauche du maître-autel de l'église St.-Leu. Derrière le retable de son autel se trouvait un grand vitrail orné des écus de cette compagnie peints des plus vives couleurs. C'était également dans cette chapelle que l'on déposait le mai que la compagnie portait à la procession générale du St.-Sacrement, jusques à l'époque où cet usage fut aboli par l'évêque Sabatier, à cause des désordres qu'elle engendrait ; il y marchait le dernier de tous ceux qu'on y voyait, comme marque d'ancienneté de la confrérie. Au XVIIIe siècle, le capitaine, le lieutenant et l'enseigne se rendaient à cette messe, drapeau déployé, précédés des deux sergents de la compagnie, des deux tambours battant la marche, d'un fifre, et suivis de tous les compagnons marchant deux à deux, l'épée au côté.

Lorsque l'introduction des armes à feu eût amené une révolution complète dans l'art de la guerre, la compagnie, tout en adoptant le progrès, n'en continua pas moins à s'exercer toujours au tir de l'arc dans son jardin, situé dans la rue qui conserve d'eux encore aujourd'hui le nom de rue des Archers. Ce jardin était arrosé dans toute sa longueur par un des canaux de la Somme, et séparé du rempart par un fossé plein d'eau vive et courante, qui divisait leur jardin en deux parties. En 1594, pour agrandir ce terrain, que les travaux faits aux fortifications venaient de rétrécir, les archers achetèrent un emplacement contigü de 70 verges moyennant une rente annuelle de trente livres dont ils se libérèrent et un cens de 60 sols qu'ils payaient encore en 1715 à la communauté des chapelains de l'église cathédrale d'Amiens.

A cette époque, la porte de ce jardin était ornée des armes du roi, du duc de Longueville et de M. de Vic, premier gouverneur de la ville d'Amiens, sculptées en pierres de taille. Après avoir franchi une courte allée et un des canaux sur un pont de bois, l'on arrivait au jeu d'arc situé dans la partie méridionale du jardin, où les compagnons s'exerçaient tous les dimanches, dans l'intervalle des offices divins (1), depuis une heure jusques à deux de l'après-midi. Dans la partie septentrionale se trouvait le but pour l'exercice des armes à feu, qui avait lieu en hiver. A la droite d'un petit bâtiment où ils se plaçaient pour tirer, existait une autre vaste et belle salle servant aux réunions de la compagnie ; elle était faite de charpentes et couverte d'ardoises, et percée au Midi et au Nord de plusieurs fenêtres laissant admirer de tous côtés l'agréable situation du jardin, ombragé d'arbres et entouré de canaux.

Ce jardin eut beaucoup à souffrir de la grande inondation

---

(1) Livre noir, ordonnance concernant l'honneur de Dieu et de son église: deffendons à tous privilégiés, tant du roy que de la ville, de jouer en leurs jardins et salles les jours de dimanche et festes solennelles pendant l'heure de la grande messe et des vêpres parochiales, sous peine de 3 sols d'amende.

occasionnée par le dégel qui arriva le 22 février 1658. Le pont de bois et l'une des buttes furent emportés par les eaux, qui s'élevèrent à une telle hauteur qu'elles dépassaient le niveau des fenêtres. Comme elles étaient demeurées ouvertes, l'eau, trouvant un libre accès, le bâtiment ne fut pas enlevé par cette crue subite, mais il en demeura fort ébranlé.

Indépendamment de la compagnie des archers du grand serment, il existait autrefois à Amiens une compagnie d'archers dite du petit serment ou de Ste-Catherine, au nombre de 60 hommes; mais cette compagnie ne subsistait plus au milieu du XVIIIe siècle. Son jardin, contigü au canal qui passe sous le pont du Maucreux, occupait l'emplacement situé depuis ce pont jusqu'au lieu où est aujourd'hui l'angle saillant du chemin couvert, vis-à-vis l'angle flanqué de la demi-lune qui couvre la porte de la citadelle. Les archers du petit serment élisaient leur capitaine le jour de Ste-Catherine, leur patronne; à cette occasion la ville leur donnait 4 écus et 40 sols.

Nous aurions voulu pouvoir rencontrer une description du drapeau de la compagnie des archers, aux XVIIe et XVIIIe siècles; mais à défaut de ce renseignement, nous nous contenterons de savoir qu'aux XIVe et XVe siècles, les privilégiés marchaient sous les étendards de la ville, de taffetas pers et azur, armoriés de ses armes, et portaient des chaperons de livrée blancs et verts clairs.

§. 2. — Arbalétriers.

La compagnie des arbalétriers privilégiés, la plus ancienne après celle des archers, se trouvait néanmoins en possession de jouir des prérogatives de compagnie colonelle, depuis qu'un de ses capitaines ayant été élu mayeur, par déférence pour cette charge, le capitaine des archers lui fit hommage de son droit de préséance et lui laissa le pas dans toutes les cérémonies. Depuis, les autres capitaines d'arbalétriers, bien que cette cession n'eut été que temporaire et subordonnée seulement à la charge de maire qu'on voulait honorer, se maintinrent dans cet usage.

Les arbalétriers d'Amiens ne furent d'abord que 50, mais par lettres du 27 février 1514, Louis XII porta leur nombre à 60.

Ils eurent longtemps leur jardin proche du couvent des religieuses de la Visitation de S.te-Marie. Il passait alors, dit Daire, pour un des plus beaux du royaume. Pour les indemniser des dégâts qu'il avait souffert pendant le siège de 1471, Louis XI leur accorda 200 livres tournois pour le rétablir. En 1640, ils vendirent son emplacement environs 45,000 livres pour l'agrandissement du couvent, et allèrent s'établir dans la rue des Cordeliers.

Pagès nous a laissé la description de ce jardin (1). Sa grande porte placée sur la rue, en pierres de taille blanches taillées à vives arêtes, avait une hauteur d'environ 30 pieds. Dans le milieu du tympan de son fronton en demi cercle, se détachait un écu aux armes de France, surmonté d'une couronne fermée. Sur le milieu de la corniche était un autre écu aux armes du duc d'Elbœuf, gouverneur de la Picardie, accompagné des deux côtés, à droite, des armes du marquis de Bar gouverneur des ville et citadelle d'Amiens, à gauche, de celles de la ville; sur le milieu du fronton des venteaux de bois, l'on voyait un autre écu,

---

(1) Si un antiquaire laborieux avait le courage de retrancher de Pagès ses interminables digressions, et de coordonner toutes les richesses qui s'y trouvent, ce serait le plus intéressant manuscrit qui ait été écrit sur la Picardie.

symbole de la compagnie, portant une arbalète en face accompagnée de deux traits posés en pal. Elle ouvrait sur une cour plantée des deux côtés de quelques arbres sur une même ligne. Un corps-de-logis, qui occupait toute la largeur de cette cour, renfermait au premier étage, auquel on arrivait par un escalier de bois pratiqué dans une petite aîle à gauche, la grande salle de réunion de la confrérie. Elle était éclairée dans toute la longueur de ses deux faces par de grands châssis garnis de vitres peintes de belles couleurs, représentant des empereurs romains en statues équestres ou en chars et dont les piédestaux portaient la représentation de quelques traits les plus éclatants de leur vie, des statues équestres de quelques-uns des rois de France d'un brillant coloris, et quelques autres peintures en grisaille. Une large cheminée occupait le côté qui regarde l'Orient. Son manteau était couvert d'un tableau représentant les trois personnes de la Sainte-Trinité, peintes sous la forme humaine de trois hommes de même âge, de même grandeur et de même visage, tenant chacun d'une main un des côtés du triangle, symbole de ce mystère.

Le rez-de-chaussée de ce bâtiment offrait un passage cintré faisant face à la porte de la rue et donnant accès dans le jardin, divisé en deux par une large allée formée de chaque côté par une rangée d'arbres et de palissades de charmille. Dans la partie de gauche, en entrant, se trouvait un but de pierres et de briques, garni de planches couvertes de papier blanc, contre lequel, durant quelques heures de l'après-midi, chaque dimanche d'hiver, les arbalétriers s'exerçaient au tir des armes à feu. Les plus habiles, pour prix de leur adresse, gagnaient des vases d'étain, de cristal ou de fayence, dont on achetait chaque dimanche pour la valeur de 5 livres, sur la gratification de 50 écus que le roi accordait tous les ans à chacune de ses trois compagnies privilégiées. Il existait encore dans ce même jardin, et vis-à-vis l'un de l'autre, deux autres buts garnis de terre bien battue, que l'on avait le soin chaque dimanche de mouiller un peu, et contre lesquels, durant la belle saison, les arbalétriers, à l'exemple de leurs confrères les archers, s'exerçaient avec leurs anciennes arbalètes.

La grande salle des arbalétriers servit souvent à cause de son étendue pour des repas publics, notamment le mercredi 16 novembre 1712 pour le dîner d'installation que M. Eugène de Bethisy, marquis de Mézières, lieutenant général des armées du roi, gouverneur des ville et citadelle d'Amiens, offrit aux membres du baillage, du présidial, de la mairie etc, en l'honneur de sa réception aux fonctions de grand bailli.

Cette salle renfermait tous les titres et papiers concernant l'érection et les privilèges des trois compagnies des privilégiés du roi, formant 26 liasses en parchemin, et une en papier. En l'année 1697 le sieur Mene, l'un des plus anciens privilégiés de la ville, à qui elles avaient été confiées depuis longtemps, les remit à ses confrères à cause de son grand âge. Ce fut à partir de cette époque qu'elles furent renfermées dans un coffre de bois fermant à trois clefs, dont chacune était gardée par l'un des capitaines en charge, et qui resta déposé d'un commun accord dans la salle du jardin de la compagnie colonelle.

Lors de la guerre de la succession d'espagne en 1711 la ville d'Amiens servait d'entrepôt à l'armée de Flandres; d'immenses provisions de blé et de fourrages furent réunies dans les greniers et les cloîtres, des Jacobins, des Cordeliers, des Célestins, de St.-Jean d'Amiens, et même dans l'église de St.-Jean d'Amiens et de St.-Nicolas au cloître; les jardins des arbalétriers et des couleuvriniers reçurent le même emploi.

Les arbalétriers célébraient la fête de leur compagnie le jour de la Trinité (1) : sur les 11 heures du matin ils sortaient de leur jardin deux à deux, précédés par les deux sergents de leur compagnie marchant avec leurs hallebardes ornées de cocardes de rubans de soie blanche et bleue et suivis de deux tambours, du fifre, du porte enseigne, drapeau déployé, et du capitaine en charge pour aller entendre la messe à l'église St.-Remy; sur les 3 heures ils se rassemblaient de nouveau dans leur jardin et se rendaient dans le même ordre dans la rue du Collège, pour le tir public du geai. Sur le haut de la porte de Paris s'élevait un grand mât maintenu verticalement par des cordes attachées au flanc du parapet, et surmonté d'une verge couronnée d'un oiseau de bois orné d'une petite banderolle. Celui des compagnons qui, l'année précédente, avait abattu cet oiseau, tirait le premier avec son arbalète. Les autres continuaient à leur tour jusqu'à ce que le plus adroit l'eût décroché et jeté hors de la verge. Sa victoire était saluée d'un roulement de tambours, des félicitations des confrères et des acclamations des spectateurs, et l'heureux tireur, précédé du bedeau ou serviteur du jardin vêtu de sa robe de cérémonie et portant suspendu par un ruban à une branche d'églantier le prix du jeu consistant toujours en une coupe, tasse ou couronne d'argent, était reconduit triomphalement, tambours battants, par toute la compagnie jusqu'au jardin où un grand festin qui durait souvent fort avant dans la nuit, terminait la fête.

Avant de clore, quelques mots sur le drapeau de cette confrérie, il était de taffetas blanc orné et peint des devises, symboles et armes de l'arbalète. Il fut béni avec les cérémo-

---

(1) Comptes de la ville aux maître, princes et compagnons arbalétriers de cette ville, le jour de la Trinité, pour supporter les frais de leur feste, 2 écus.

nies et prières prescrites par le rit pour la bénédiction des drapeaux des troupes réglées, le dimanche 18 septembre 1707 à 10 heures du matin, devant la chapelle de St.-Sébastien de la cathédrale, par l'évêque Pierre Sabatier, en présence de la compagnie sous les armes. Après avoir été porté au jardin il fut déposé dans la maison du porte enseigne.

§. 3. — Couleuvriniers.

Les premières armes à feu qui furent coulées en bronze et d'une seule pièce, reçurent, à cause de la couleur de leur métal, et de leur forme allongée qui présentaient quelque analogie avec celle d'un reptile, le nom de couleuvrines. Généralement dans tous les anciens écrivains qui parlent de couleuvrines, l'on doit entendre par ce mot des bouches à feu faisant l'office de nos canons modernes, et dont le musée de la Société des Antiquaires de Picardie possède quelques échantillons, enlevés en 1792, du château de Moreuil, par la garde nationale d'Amiens. Mais, les premières couleuvrines qui furent fondues étaient des armes portatives, dites couleuvrines à main; elles étaient montées sur un fût en bois. Un seul homme pouvait aisément les porter et les tirer en épaulant, elles se chargeaient avec des balles de plomb que l'on introduisait dans le canon à l'aide d'une baguette de fer. Dès son origine, cette arme se répandit avec rapidité, plus tard on la perfectionna sous le titre de couleuvrines à crochet, et l'on ne cessa d'en faire usage, que lorsque l'art de l'armurier fut arrivé à fabriquer des armes à canon de fer.

Ce fut sous le règne de Louis XI, et par les soins du maréchal de Loheac, lieutenant général de la province de Picardie, que la compagnie des couleuvriniers amiénois fut établie pour *le bien tuicion et deffence de la ville, attendu que le faict industrie et exercice des couleuvrines étoit très-convenable pour la défense et seureté de la cité et de tous les manants et demourans en icelle*. Les maître et compagnons du serment de la couleuvrine à main furent d'abord au nombre de cinquante, et pour faciliter leurs exercices, le maire et les échevins leurs accordèrent un emplacement convenable dans les fossés des fortifications, près de la porte Longue-Maisière, où ils établirent leur jardin. Environ dix mois après leur création, les couleuvriniers amiénois réclamèrent du roi, par *umble supplication*, les priviléges et les franchises dont jouissaient les serments d'archers et d'arbalétriers, et sans l'octroi desquels il leur était impossible, disaient-ils, de supporter les frais énormes que réclamait leur état. Par lettres patentes datées de Senlis du 2 mars 1473, Louis XI leur accorda les mêmes priviléges qu'il avait donné aux deux autres compagnies d'Amiens, et *quant l'un d'eux ira de vie à trépas*, dit cette ordonnance, *avons de notre plus ample grace octroyé et octroyons, qu'il loise audit maistre d'icelui estat, eslire et mectre ung aultre en lieu du premier mourant, pourveu que toutes et quantes fois ils seront par nous ou de par nous mandez, ils seront tenus venir partout où il nous plaira, et sera de par nous ordonné, parmi ceux aussi que lesdits cinquante couleuvriniers suppliants seront tenus de faire les frais et services à nous et à nostre dicte ville d'Amiens, pareils et semblables que sont tenus de faire en icelle ville lesdits archers et arbalestriers* (1).

Plus tard le nombre des couleuvriniers fut augmenté et le livre noir les porte à 80.

Le 6 mars 1624, une assemblée générale des couleuvriniers réunie dans leur jardin sous la présidence du sieur Charles

---

(1) Cette ordonnance fut enregistrée au parlement de Paris, le 12 août, après que par lettres du 21 avril les magistrats d'Amiens eurent reconnu qu'elle ne renfermait rien de préjudiciable aux droits, priviléges et statuts de la cité.

Lamy, capitaine et Charles Lebel, lieutenant, révisa les anciens règlements qui la régissaient, et en dressa un nouveau qui soumis à l'approbation du lieutenant général au baillage, fut par lui rendu exécutoire le 28 du même mois.

La compagnie des couleuvriniers avait adopté pour patronne Ste.-Barbe; tous les ans la veille et le jour de sa fête ils assistaient dans la chapelle de la Boissière ou de N.-D. l'Anglette à la cathédrale, à l'office divin auquel nul ne pouvait se permettre de manquer, à peine de 5 sols d'amende. Ils s'y rendaient en corps, tambours et fifre en tête, l'enseigne portant déployé le drapeau de la compagnie fait de taffetas vert semé de fleurs de lys d'or, traversé d'une grande croix de taffetas blanc cantonnée de quatre couleuvrines d'or montées sur leurs affûts (1). Au *Credo* les musiciens de la maitrise entonnaient un chant particulier pour cette cérémonie dont les notes, par une sorte d'harmonie imitative, représentaient le ton et le bruit d'arquebusades. Le lendemain, les couleuvriniers faisaient encore célébrer une messe en commémoration de leurs compagnons trépassés.

Les statuts de 1624 vont nous faire connaître la forme de réception d'un compagnon couleuvrinier, les devoirs, les droits, les prérogatives du maître et de son lieutenant.

Afin de trouver toutes les garanties désirables, le capitaine ne pouvait recevoir aucun aspirant sans être assisté et avoir pris l'avis de douze anciens capitaines ayant commandé en chef la compagnie, de l'enseigne, du greffier, du sergent et du roy du guay (2). Le compagnon devait en entrant, être muni d'armes offensives et défensives garnies de bandoulières de velours vert, avec vêtements honnête pour les jours de parade à peine d'être cassé (3). Ses obligations pécuniaires

---

(1) Ce drapeau fut aussi béni par l'évêque Sabatier.
(2) Statuts de 1624, article 45.
(3)   Id.   article 2.

étaient nombreuses, et revenaient à chaque occasion; on peut en juger par l'exposé suivant: Pour sa bienvenue il devait payer 60 sols, pour le premier feu 30 sols (1). Lorsque pour la première fois la fortune favorisait son adresse, si sa balle frappait le noir il lui en coûtait 30 sols, dans le petit blanc 60 sols, mais si par hasard, il arrivait qu'elle porta également sur ces deux couleurs, il ne déboursait que cette dernière somme (2). Il payait encore à titre de bienvenue le jour de Ste.-Barbe 60 sols (3), le jour de la reddition des comptes autant (4), à la St.-Firmin autant (5), à la St.-Jean, à la Ste.-Claire, 30 sols (6); la première fois qu'il se trouvait aux assemblées qui se faisaient au jour des mariages, paix, et fêtes de paroisses, ou aux cérémonies mortuaires 20 sols (7), pour la première torche qu'il portait le jour de l'Ascension 30 sols, la première fois qu'il portait une torche dans la chapelle de Ste.-Barbe à la messe du mariage d'un confrère même somme (8), enfin au jour qui lui était désigné par le capitaine, il devait fournir pour servir de prix trois lots de chacun trois pièces d'étain pesant ensemble trois livres, et trois verres de cristal, et *pour l'assistance d'iceux*, disent les statuts, *à scavoir le premier* 9 *livres, le deuxième* 6 *livres, le troisième* 60 *sols* (9).

L'élection du capitaine avait lieu chaque année, la veille

---

(1) Statuts de 1624, article 24.
(2)   Id.   article 26.
(3)   Id.   article 27.
(4)   Id.   article 28.
(5)   Id.   article 33.
(6)   Id.   articles 31, 32.
(7)   Id.   article 34.
(8)   Id.   articles 29. 30.
(9)   Id.   article 25.

de la fête de sainte Barbe (1); en entrant en fonctions il prêtait serment entre les mains de son prédécesseur et en présence de toute la compagnie sous les armes. Cette formalité accomplie, il avait ensuite le droit de choisir parmi les anciens capitaines trois candidats à la lieutenance (2). Le lendemain il devait donner à souper à tous les anciens capitaines et payer neuf livres pour la dépense qui se faisait ce jour là (3), il devait leur donner encore ainsi qu'aux autres officiers de la compagnie, le dimanche des Bouhourdis, un verre de cristal, et payer pour le goûter 60 sols (4); à la Fête-Dieu, il devait, à la procession, porter une torche, honneur qu'il payait 60 sols (5); le jour de la saint Jean offrir à déjeuner à ceux de sa troupe qui l'accompagnaient à la cérémonie stationnaire; le jour de saint Firmin, aux anciens capitaines et aux officiers, une paire de gants; aux sergents, aux tambours, au fifre et au serviteur de la compagnie, à chacun un chapeau gris avec des cordons entremêlés des couleurs de le compagnie; mais cette dernière dépense lui était allouée dans ses comptes. Il contribuait enfin aux dépenses du souper qui se faisait le soir jusqu'à concurrence de 9 livres (6).

Comme dans toutes les autres compagnies, le capitaine avait l'administration des fonds communs qui se composaient des dons du roi, de la ville et des taxes et cotisations. Sur ces fonds, il payait notamment pour la dépense du jour de sainte

---

(1) Statuts de 1624, article 3; aux couleuvriniers de ladite ville, le jour de sainte Barbe, au renouvellement de leur maistre, un escu; comptes de la ville.

(2) Statuts de 1624, article 36.
(3)   Id.   articles 37, 38.
(4)   Id.   article 46.
(5)   Id.   article 48.
(6)   Id.   articles 55, 57.

Barbe, 12 livres; pour le goûter de chaque dimanche où l'on tirait le prix, 60 sols; pour le goûter du jour des Bouhourdis, pareille somme; le jour du guay, 6 livres; de la Fête-Dieu, 60 sols; au dîner de la saint Jean-Baptiste, 30 sols; le jour de sainte Claire, 60 sols; à la saint Firmin, 6 livres; ce même jour et celui de sainte Barbe, pour le déjeuner des tambours, du fifre et du serviteur de la compagnie, à chacun 30 sols : toutes ces dépenses étaient faites sur le bon du roi.

A l'expiration de sa charge, il rendait compte de sa gestion à son successeur, en présence des anciens capitaines et des officiers, à qui les statuts allouaient une somme de 18 livres pour jetons de présence. Les compagnons ne pouvaient y assister, mais ils avaient le droit, si bon leur semblait, de s'y faire représenter par un des leurs (1).

Le lieutenant élu prêtait serment dans les mains du capitaine; il payait pour sa bien-venue, le jour de Sainte-Barbe, 60 sols, la veille de Saint-Jean-Baptiste pareille somme, pour les frais du souper du jour de Saint-Firmin 4 livres 10 sols, pour l'honneur de porter la torche à la procession de la Fête-Dieu 20 sols.

On le voit, les honneurs coûtaient cher dans la compagnie des couleuvriniers, et comme les frais de représentation que nous venons d'énumérer auraient pu devenir une charge fort lourde pour ceux que l'estime de leurs camarades eussent appelé à les commander pendant plusieurs années consécutives, les statuts de 1624, pour le cas de réélection, avaient adopté les dispositions suivantes :

» Advenant qu'il fut esleu et nommé un capitaine qui eut déjà eu charge et commandement en chef en la compagnie, il sera tenu faire sa charge, soutenir ce qui sera nécessaire comme il est dit ci-dessus, mais ne sera tenu en son parti-

---

(1) Statuts de 1624, articles 59, 60.

culier payer aucune chose pour quelque cause et occasion que ce soit, et ce qu'il aura soustenu et avancé et payé suivant le réglement ci-dessus sera alloué en ses comptes. Pareil réglement est fait pour le lieutenant nommé et esleu pour la deuxième fois en charge de lieutenant. De même lorsque par suite du décès du capitaine dans l'année de son exercice le lieutenant se trouvait tenu de remplir cette fonction, les dépenses qu'il était obligé de faire lui étaient également allouées »

La discipline de la compagnie des couleuvriniers était très-sévère. Tout compagnon, quelque fut sa qualité, devait honneur et révérence au capitaine, au lieutenant, à l'enseigne et aux anciens capitaines. Il devait obéir à leurs ordres à peine d'amende et même de cassation suivant la gravité du cas (1). Si le compagnon négligeait de se rendre aux exercices qui avaient lieu tous les dimanches au jardin et qui étaient obligatoires au moins une fois par mois, sauf les causes d'indisposition, de voyage ou d'excuse agréé du capitaine, il était cassé. Cette peine lui était infligée, si dans la quinzaine de l'avis qui lui en avait été donné, il n'avait pas payé son prix de tourée, si dans le délai de trois mois il n'avait pas payé sa quote-part de la taxe arrêtée par le capitaine en exercice et les anciens capitaines des frais et dépenses de la compagnie (2). Le blasphême du nom du Seigneur et des Saints, les paroles indécentes, sales et déshonnêtes, l'invocation du démon étaient frappés d'une amende de 5 sols jusqu'au recouvrement de laquelle le délinquant était privé de l'entrée du jardin (3). Pour manquer au convoi d'un compagnon ou y assister sans être en tenue convenable, 2 sols

---

(1) Statuts de 1624, art. 23.
(2)   Id.   art. 14, 17.
(3)   Id,   art. 4.

d'amende ; pour manquer au service que les couleuvriniers faisaient encore célébrer dans leur chapelle le vendredi d'après la mort d'un défunt, amende de 5 sols (1) ; enfin le capitaine pouvait, dans certains cas et de l'avis des anciens capitaines, punir de plus fortes amendes et même de prison (2).

La porte du jardin des couleuvriniers, sur la rue des Rabuissons, était bâtie de pierres de taille et de briques. Audessus de son cintre était l'écu de France, accompagné de celui de la compagnie avec deux couleuvrines, le tout sculpté en bas-reliefs sur la pierre de taille. Une assez longue allée conduisait à une salle basse de moyenne grandeur qui servait aux assemblées générales de la compagnie. Les fenêtres qui l'éclairaient prenaient jour au midi. Sur la face ouest de cette salle s'en trouvait une autre beaucoup plus petite dans laquelle les compagnons se mettaient pour tirer au but, et à leur oiseau, qu'ils plaçaient sur la plus haute branche d'un des arbres de leur jardin.

Les règlements enjoignaient de garder au tir le plus profond silence. Pour éviter tout accident, chaque couleuvrinier, avant de bander son arquebuse et de mettre la mèche sur le serpentin, devait avertir le serviteur de s'écarter; il fallait, à peine de nullité, tirer chacun avec son arme, et si elle refusait trois fois de prendre feu, le tireur perdait son tour.

Celui qui abattait le guay qui, au XVIII.e siècle, se tirait le dimanche qui suivait la Sainte-Barbe, était proclamé roi. Pour célébrer son triomphe, il devait payer, pour le gouter qui suivait le tir, la somme de 60 sols, donner à déjeuner aux anciens capitaines et officiers et à tous les anciens rois, et faire porter au jardin deux bouteilles de vin de deux pots et quelque dessert pour faire gouter les principaux de la com-

---

(1) Statuts de 1624, art. 16.
(2)   Id.   art. 44.

pagnie. Outre le prix de son adresse, qui consistait en une coupe et une couronne d'argent d'une valeur de 24 livres, il était durant toute l'année exempt de service, sauf celui du roi, et ne payait rien des dépenses des jours de Sainte-Barbe, de Saint-Firmin et du guay (1). Lorsque par hasard les compagnies privilégiées se trouvaient astreintes à monter la garde, le roi du guay partageait avec le capitaine et le lieutenant la dispense de s'y trouver (2).

§. 4. — Arquebusiers.

La compagnie des arquebusiers ou petits arquebusiers, pour les distinguer des couleuvriniers, que l'on désignait quelquefois sous le titre d'arquebusiers, fut établie en 1514 par le maire et les échevins pour la défense de la ville (3). Ils jouirent des mêmes priviléges que ceux accordés aux trois compagnies royales qui existaient déjà et qui leurs furent confirmées par lettres-patentes de Louis XIV du mois de mars 1656, transcrites aux registres des chartes du bailliage d'Amiens. Les ordonnances pour la garde, seureté et conservation de la ville d'Amiens, insérées au livre noir, fixaient le nombre des arquebusiers à quatre-vingts. En 1689, les rôles de cette compagnie ne comprenaient plus que cinquante-trois noms. Un document imprimé que nous avons sous les yeux le fixe à quarante (4) pour l'année 1775.

---

(1) Statuts de 1624, art. 10 à 14.

(2) Livre noir, ordonnance de l'échevinage, du 2 mai 1585.

(3) Et non en 1473, comme le P. Daire l'avance par erreur.

(4) Mémoires et pièces relatifs au prix général de l'arquebuse royale de France rendu par la compagnie de Nogent-sur-Seine, le 11 septembre 1783. — Paris, 1783.

Les arquebusiers avaient adopté pour patron Saint-Jean-Baptiste, dont ils célébraient la fête par une messe solennelle chantée au maître-autel de l'église des Cordeliers. Ils s'y rendaient dans le même ordre que les autres compagnies avec leurs tambours et leur drapeau de taffetas rouge semé de fleurs-de-lys d'or, et traversé d'une grande croix blanche cantonnée de quatre arquebuses. C'était ce jour-là qu'ils élisaient leur capitaine. A cette occasion, la ville leur fournissait pour les frais qu'ils faisaient III écus XL sols, et une autre somme de III écus XX sols pour acheter des verres de cristal d'une valeur de 5 sols qui, chaque dimanche, étaient distribués en prix aux meilleurs tireurs du jardin.

Ce jardin appelé par le peuple le Jardin de la Diablesse, et pour l'acquisition duquel la ville avait donné 48 livres, était situé dans le milieu de la rue de Beauvais. Sa porte de pierres de taille avait été construite sous le règne de François I.er, ainsi que l'attestaient les grandes F couronnées et les salamandres qu'on voyait sur le cintre autour d'un buste du roi Louis XIV. Au bout d'une allée se trouvait la salle de réunion, dont les fenêtres donnaient sur le préau du jardin, embelli d'allées d'arbres et de charmilles, et dont l'aspect faisait oublier la petitesse de sa contenance. Le but qui servait aux exercices était placé à gauche en entrant. C'était dans ce jardin qu'avait lieu tous les ans le tir du guay, dans l'après-midi du dimanche de l'octave de la nativité de saint Jean-Baptiste (1).

La compagnie de l'arquebuse d'Amiens était affiliée au concordat ou réunion des compagnies d'arquebuse des quatre provinces de Brie, Isle de France, Picardie et Champagne, renouvelé à Paris, le 13 décembre 1755, sous le patronage

---

(1) Avant l'époque où parle Pagès, ce tir avait lieu le premier jour de mai, ainsi que l'élection du capitaine.

de M. le duc de Bourbon, prince du sang. Chaque année ces compagnies se réunissaient pour s'exercer, et celle qui avait remporté le prix royal, le rendait une autre année. Les arquebusiers d'Amiens se distinguèrent à celui qui fut rendu à Cambrai, au mois de septembre 1786.

Les députés de cette compagnie, au nombre de cinq, sous le commandement des sieurs Holleville, capitaine, et Beffroy, lieutenant, furent, à leur entrée à Cambrai, reçus par un détachement, conduits à la place d'armes et salués de deux coups de canon. Après avoir rendu leurs hommages à M. Desgautières, lieutenant du roi, aux officiers de l'état-major et aux magistrats, ils furent escortés par un détachement de la garnison et un de l'arquebuse de Cambrai, jusqu'à leur hôtel, où on leur présenta le vin d'honneur. Les jours suivants, d'après le cérémonial d'usage, eurent lieu : la nomination des inspecteurs généraux, dans lesquels fut compris le sieur Holleville, une messe du Saint-Esprit, le tir du coup du roi, la montre du bouquet et des prix, et sur la grande place un repas de 500 couverts, qui réunit toutes les autorités de la cité et les députations des compagnies. Le tir ouvrit le mardi 5 septembre, au bas de l'esplanade des Capucins ; MM. Leroux, Balthazar Demermont, tous deux empereurs, et Debéthune, chevalier de la compagnie d'Amiens, y remportèrent cinq prix d'argent, consistant en une cafetière, une grande louche, deux cuillères à ragoût et un couvert à filets. Le détachement vainqueur à sa rentrée à Amiens, trouva la compagnie qui venait au-devant de lui en uniforme, tambours battant, musique en tête. Le sieur Holleville alla présenter les trois triomphateurs à M. le comte d'Agay intendant de la province, aux officiers commandant de place, et au maire, et fit déposer les prix dans l'hôtel de l'Arquebuse.

La poésie était en grand honneur à cette époque, et le plus

mince évènement fournissait un thème inépuisable aux inspirations des nombreuses muses que chaque ville renfermait dans son sein. On conçoit aisément que les rimeurs d'Amiens ne durent pas passer sous silence cet exploit de leurs compatriotes, et le jour même où les *Affiches de Picardie* annonçaient à leurs lecteurs l'heureux résultat du concours de Cambrai, un bel esprit avait fourni à cette feuille le petit conte suivant, où le sentiment national brille avec plus d'éclat que la versification, et que M. Dusevel a pensé, non sans raison, tombé de la plume d'un arquebusier.

Les Picards revenant du Prix.

ANECDOTE PATRIOTIQUE.

Non numerantur sed ponderantur.

Nombrer les sots, peser la gloire,
C'est tout le fruit de cette histoire.
Ne baillez point, je suis précis;
Naguères donc en Cambresis,
Drapeau volant, mèche allumée,
Trois bons Picards, de gloire épris,
Revenaient de tirer les prix.
La victoire, à son ordinaire,
Avait couronné leur bannière.
Or, en chemin le sort, dit-on,
Leur fit rencontrer un Gascon.
Sandis quel trio, jé l'admire!
Dit notre hère en les gaussant.
Dans mon castel lorsque l'on tire
Pour gagner un prix l'on est cent.
Cent, pour un prix? Oui, tout autant!
Mon calcul est donc sans réplique,
Dit l'un des trois, que ce mot pique,
Comptez, cinq prix nous remportons,
Nous valons donc cinq cens gascons (1).

(1) *Affiches de Picardie*, du 23 septembre 1786.

Ce n'était pas, du reste, la première fois que les Picards allaient cueillir des lauriers dans le Nord; et en 1331, à Tournai, à la fête des 31 rois, sept bourgeois d'Amiens, Jean Picquet, Clément Garmand, Jacquemart Picquet, Liénard de Cauchy, Fremin Rabuisson, Thomas Audeluy et Paris de Cocquerel, luttèrent avec honneur contre les rois Baudemagne de Gorre, Boort d'Irlande, Hamel de Bretagne, Claudus de la Desierte, le roi des cent chevaliers, le roi de la haute rivière et le roi Pelmon (2).

§. 5.

L'exemption de toutes tailles, impôts, aides et subsides, tant de leur métier que du vin de leur cru, vendu en gros ou en détail, de la garde des portes, du logement des gens de guerre, le droit de prendre chaque année un minot de sel en ne payant seulement que le droit du marchand, les avantages enfin dont jouissaient les privilégiés n'étaient en définitive que la juste rémunération des services qu'ils rendaient. Leurs compagnies étaient à la milice ce que sous la Révolution les compagnies soldées furent à la garde nationale, c'est-à-dire des troupes d'élite, prêtes à marcher au premier signal, à paraître au premier besoin. Familiarisées avec l'habitude des armes, c'étaient elles qu'on convoquait les premières aux jours de danger, partout enfin où les circonstances demandaient le concours d'hommes solides et aguerris. C'est ainsi qu'on leur fit prendre les armes en 1546 au moment de la famine, en 1628 quand les saïeteurs jetèrent à l'eau le carrosse du conseiller d'Etat de Pommereux, au

---

(2) Voir sur ces curieuses fêtes, Victor Derode, histoire de Lille, les archives de Lille et de Tournai, et un manuscrit intitulé : *Vaprecularia*, appartenant à M. Vandercruysse de Waziers; voir aussi Pagès, qui donne les armoiries de ces sept Picards.

10 novembre 1641, pendant l'exécution de Jussac d'Ambleville, sieur de St.-Preuil, pour garder les abords de la place de la Mairie et prévenir ainsi la manifestation qu'on redoutait en faveur du condamné, et dans maintes autres circonstances difficiles. En 1703 et en 1708, pendant longtemps dans le bastion de Guyencourt, les nombreux prisonniers faits dans les campagnes de Flandres furent confiés à leur surveillance; enfin, un règlement des officiers municipaux approuvé par le Conseil d'Etat, le 29 mai 1782, voulait que dans les incendies, et au premier coup de la cloche du beffroi, les quatre compagnies privilégiées se rendissent sur le lieu du sinistre avec leur chapeau uniforme et leur giberne seulement, pour, sous la direction du commandant de la place et des officiers municipaux, veiller au maintien du bon ordre et à la sûreté des effets des particuliers (1).

Cependant en 1652, les privilégiés se virent menacés dans la jouissance de leurs franchises par les échevins de la ville qui, sous prétexte de quelques règlements, les comprirent dans le rôle du logement et des ustensiles des gens de guerre. Ils adressèrent alors au duc de Chaulnes, gouverneur particulier de la ville et de la citadelle d'Amiens, une requête retraçant les privilèges que leur avaient octroyés Louis XI, en 1471, Charles VIII, en 1494, Louis XII et François I.er, en 1514, 1527, 1543, Henri II, en 1559, Henri III, en 1575, Henri IV, en 1594, Louis XIII, en 1612 et 1631, Louis XIV, en 1644, et les services qu'ils avaient rendus à l'Etat, notamment en 1636, en gardant jours et nuits la porte St.-Pierre. En réponse à cette supplique, le duc y ajouta ces paroles, dont le laconisme brutal montre bien à quel degré d'avilissement la municipalité amiénoise était tombée aux yeux des représentants du pouvoir royal, depuis l'édit de 1597.

(1) Affiches de Picardie des 20, 24, 27 juillet 1782.

4.

« Attendu les privilèges des suppliants et les services par
» eux rendus, nous les avons déchargés du logement et des
» ustensiles des gens de guerre, sans qu'ils puissent être
» compris dans le rôle des contribuables ; à quoi les premier
» et échevins et le fourrier de ladite ville d'Amiens tiendront
» la main.

» Fait à Amiens, le 26 février 1652,

» De Chaulnes. »

Sous le règne de Louis XV, la compagnie colonelle portait l'uniforme blanc ; les archers, l'uniforme blanc avec parements bleus, veste, culotte et bas de même couleur, toutes deux avaient des galons d'argent aux boutons et aux chapeaux ; des parements verts et rouges, des boutons et des chapeaux galonnés d'or, distinguaient les couleuvriniers et les arquebusiers. Toutes ces compagnies étaient alors fortes de 50 hommes. On les voit encore figurer en armes à la fédération du 14 juillet 1790 ; mais au mois de septembre 1791, l'Assemblée nationale législative les brise, en décrétant l'abolition de toutes les anciennes compagnies d'arquebusiers, fusiliers, chevaliers de l'arc et de l'arbalète. Un autre décret d'avril 93, déclara nationaux et comme tels soumis à toutes les phases de ces biens, les meubles et immeubles que possédaient ces corporations.

Voici quelques-uns des noms des capitaines qui commandèrent les privilégiés :

Arbalétriers : 1652, Caucrois ; 1753 à 1761, Robert Boulye ; 1763 à 1771, Thaon ; 1773, Dollé ; 1776 à 1784, Damy ; 1786 à 1790, Brocquevieille.

Archers : 1652, Léger ; 1753 à 1758, François Vasseur ; 1758 à 1764, Dufestel ; 1764 à 1771, Debonnaire ; 1773, Pissy ; 1776 à 1786, Deleau, 1786 à 1790, Gérard.

Couleuvriniers : 1624, Charles Lamy; 1652, Dequen; 1753 à 1765, François Thierry ; 1765 à 1790, Merlier.

Arquebusiers : 1692, Dacheux ; 1656, Antoine de Rieu ; 1753 à 1759, Calixte Vilbaud dit Condé, 1759 à 1790, Holleville.

Comme le nombre des privilégiés était rigoureusement fixé il y eut pendant longtemps dix à douze hommes qui accompagnaient leurs drapeaux à titre de surnuméraires et en attendant que des vacances leur permissent de se faire recevoir compagnons. Vers le 17.ᵐᵉ siècle, ces surnuméraires s'étant réunis, formèrent pendant quelque temps une compagnie de 50 hommes qui s'exerçait à l'arquebuse dans un jardin de la rue des Cannettes, derrière les pères de l'Oratoire, et que le peuple en son langage avait baptisé du nom de jardin de la Fiquette, par allusion au but contre lequel ils tiraient, mais ce jardin leur ayant été ôté ils ne tardèrent pas à se disperser (1).

§ 6.

Le registre noir constate aussi l'existence d'une compagnie de joueurs d'épée. Ils étaient au nombre de 60. Les comptes de la ville nous apprennent qu'ils s'exerçaient dans une salle pour la location de laquelle la ville leur accordait une subvention d'un écu. Ils élisaient leur maître et capitaine le jour de la St.-Michel qu'ils avaient adopté pour patron, et de même que les arquebusiers ils renouvelaient leur prince le premier jour de mai. A chacune de ces deux occasions, la ville les gratifiait de deux écus. Ajoutons aux seuls renseignements que nous ayons trouvé sur cette compagnie, qu'elle assista avec ses espadons à l'entrée du roi d'Angleterre en 1696.

(1) Pagès, 8.ᵉ dialogue.

Il y eût aussi à Amiens des compagnies de la jeunesse, mais elles n'étaient que temporaires et formées seulement pour donner plus d'éclat aux cérémonies publiques. Le récit de l'entrée du duc de Chaulnes en 1755 rapporté dans les manuscrits de M. Ach. Machart va nous montrer de quelle manière la mairie organisait ces compagnies.

Le 27 juillet les maire et échevins rendirent une ordonnance relative aux arrêtés pour faire prendre les armes aux compagnies de la milice bourgeoise, à celles des privilégiés et à la jeunesse, le tout sous le commandement de M. Melattre Darselène, échevin, que le maire et les échevins nommèrent colonel général de cette milice. Pour former la compagnie de la jeunesse, il fut enjoint aux officiers de milice bourgeoise de faire, chacun dans l'étendue de sa compagnie, une liste exacte de tous les jeunes gens en état de porter les armes et de remettre cette liste au greffier des portes, dans trois jours, pour par les maire et échevins être fait un arrêté spécial.

La jeunesse fit paraître en cette circonstance une si louable émulation, que le maire et les échevins qui avaient seuls le droit de nommer les officiers de cette compagnie, voulurent bien lui laisser la liberté de se les choisir elle-même, pourvu néanmoins qu'elle le fît dans un certain temps; à l'effet de quoi, la liste générale de tous ceux qui la devaient composer fut arrêtée, imprimée et portée le 1.er août chez tous ceux qui y étaient compris, environ au nombre de 200.

Comme on avait laissé à chacun la liberté de prendre un uniforme et de monter à cheval, on indiqua au bas de cette liste une assemblée générale au dimanche 5 août, trois heures de l'après-midi, dans la salle de la Malemaison, pour procéder à l'élection des officiers et prendre toutes les dispositions et arrangements convenables. On y décida que tous ceux qui voudraient monter à cheval le pourraient, pourvu qu'ils prissent un uniforme écarlate et qu'ils fussent au moins au nombre de trente, et que ceux qui seraient à pied pourraient, en telle quantité qu'ils voudraient, adopter le même costume ; la moitié souscrivit librement pour monter à cheval. La seule crainte de ne pas trouver dans la ville assez de montures, fut cause que cette troupe se partagea ainsi par moitié, car au fur et à mesure que ceux qui étaient dans l'infanterie trouvaient à se monter, ils se hâtaient de se faire incorporer dans la cavalerie.

Un cor de chasse, deux hautbois et deux tambours furent mis à la tête de la jeunesse à cheval; deux tambours et un fifre à la tête de la jeunesse à pied; les premiers montés et tous en uniforme bleu et chapeau bordé. Ils étaient soldés aux frais des officiers, qui firent en outre confectionner deux beaux guidons de taffetas blanc; l'un portant un soleil avec la légende : *Nec pluribus impar,* l'autre les armes de la ville avec ces mots : *Liliis tenaci vimine jungor,* et tous deux cette ingénieuse devise : *Dux amor.*

En 1789, les jeunes gens de la ville ayant offert leurs services à la municipalité, celle-ci applaudissant à leur dévouement patriotique, en forma, sous les ordres d'un commandant, un corps uniquement composé de jeunes gens célibataires et ne faisant pas partie de la milice, sous le titre de volontaires des compagnies auxiliaires de la jeunesse. Fort de 240 hommes, il fut divisé en deux compagnies de 120 hommes chacune, commandées par deux capitaines, deux lieutenants, deux sous-lieutenants, un porte-drapeau, un adjudant et quatre sergents. Il portait l'uniforme écarlate avec collets et parements de velours noir à l'Irlandais, boutons blancs au chiffre L N, avec les distinctions suivantes, pour les différents grades : simple volontaire, épaulette et contre-épaulette fond argent barré de quatre cordonnets noirs en travers; adjudant, trois barres; porte-drapeau, deux; sous-lieutenant, épaulettes losangées de deux fils noirs; lieutenant, d'un ; capitaines, épaulettes pleines ; le commandant portait l'épaulette de lieutenant-colonel ; les officiers furent armés d'un sabre avec dragonne de fil blanc, suspendu à un baudrier de buffle blanc ; les volontaires, d'un sabre et d'un fusil à baïonnette. Les drapeaux fond blanc avec une croix pareille, avaient pour devise : *Spes patriæ*.

Tous les dimanches ces volontaires devaient assister à une revue, suivie d'une messe à la collégiale Saint-Martin ; en cas d'alarme ou de générale battue à l'improviste, les deux compagnies, aux termes de l'ordre du jour du commandant en chef de la milice citoyenne, en date du 24 août 1789, avaient leur point de réunion rue des Sergents, la droite appuyée à la maison du sieur Garçon, chapelier, au coin du Marché au blé.

TROISIÈME PARTIE.

Organisation, Service, Discipline.

Sauf quelques cas de guerre la milice était constamment restée sous la direction du maire chef naturel de la commune. C'est en 1316 pour la première fois que nous voyons la royauté en régler le commandement et l'organisation.

Les députés des bonnes villes convoqués à Paris pour les affaires du royaume, parmi les vœux qu'ils exprimèrent, demandèrent entr'autres choses qu'à l'avenir, les citoyens fussent munis d'armures et que dans chaque cité, il fut aux frais de la couronne, établi un capitaine expérimenté qui prit le commandement de toutes les forces de la commune et prêtat serment de la maintenir et garder *loyaument bien et souffisaument à son pooeir*. Par son ordonnance datée de Paris du 12 mars 1316, et adressée aux baillis d'Orléans, de Senlis, de Vermandois, de Caen, de Sens, de Gisors, de Troyes, d'Amiens, etc., Philippe-le-Bel enjoignit à ces officiers de *tantoz sans nul délay*, dans chaque ville ou château de leur ressort, par le conseil de bourgeois *preudes hommes et souffisans*, de désigner certaines personnes chargées de faire le recensement des bourgeois capables d'équiper à leurs frais des gens d'armes avec leurs chevaux et de ceux qui ne pourraient établir que des gens de pied.

Mais Philippe-le-Bel redoutait l'armement général qu'on lui demandait; ses ordonnances en altérant le titre des monnaies avaient créé à son gouvernement des haines profondes, et il ne se rappelait pas sans effroi la révolte des ouvriers de Paris, qui, dix ans auparavant, l'avait assiégé dans le Temple, aussi prit il toutes ses mesures pour concilier les vœux des députés avec le soin de sa propre sûreté *et pour ce que nous avons considération espéciaument, manda-t-il, que les menuz gens ont de jour en jour grands nécessitez pour eux et pour leurs mesnies vivre, et doutons que leurs armeures ne engageassent, ou vendissent, nous pour ce, et pour eschiver tous autres esclandres et périls, qui en pourroient avenir, avons par le conseil de nos genz ordené et establi que toutes les armeures es menus genz soient ensemble mises en lieu ou en lieus sehurs et convenables et certains en nostre main et en nostre garde, et que chacun mette son seing, et son brevet en ce qui sien sera et que toutes ces choses soient si seurement gardées que chacun, si li besoin venoit, peust au sien affenner et le prendre par nostre main pour l'y en aydier par la cause dessus dite, ouquel cas et non en autre nous voullons qu'elles leur soient délivrées et baillées. Si te mandons que ceste ordennance faces accomplir, garder et tenir par toute ta baillie, et à ce faire contraing tous les manants esdites citez, châtiaux, villes et vicontez.*

A l'égard des capitaines, le roi promit de les nommer dès qu'il y aurait lieu, et déclara qu'il n'entendait aucument *que li diz capitaines se doient mesler des jurisdictions qui ausdites villes appartiennent, ou eus entremettre de choses nulle, fors de guerres et de ce qui y appartiendroit, ou s'en pourrait dépendre ainsi comme il a esté autrefois accoustumé en temps de guerres* (1).

Il paraît cependant que cette création ne subsista pas à

(1) Ordonnance des rois de France, t. I.

Amiens sans réclamation du pouvoir municipal. Le 3 août 1359, le dauphin Charles manda à son bailli qu'il souffrit *joir le mayeur de la capitainerie en ostant et déboutant Fremin Audeluye qui l'avoit empétrée;* mais ce magistrat ne jouit pas longtemps de cette dignité, puisque vers 1373 l'échevinage adressa à ce sujet une nouvelle requête au roi. Par lettres du 12 août, Charles V enjoignit au duc de Bourgogne, qui commandait alors en Picardie les troupes envoyées contre le duc de Lancastre, de pourvoir le plus gracieusement qu'il lui serait possible pour *le utilité et pourffit de la ville d'Amiens sur la doléance que firent les maire et échevins de non avoir pour capitaine autre que le mayeur qui devoit estre capitaine et le chief d'icelle ville.* Malheureusement les deux documents que nous venons de citer ne sont parvenus jusqu'à nous que sous la forme de courtes notices, extraites des différents inventaires des archives de la ville, et nous n'avons pu connaître d'une manière précise qu'elle fut la décision du duc de Bourgogne (1).

Bien que l'ordonnance de 1316 eut promis d'établir les capitaines aux frais de la couronne, ce fonctionnaire était en réalité payé par la commune, ainsi que le constatent les registres des comptables de la cité. Nous citerons cette mention puisée au hasard dans le 94.ᵉ registre coté Y 3, pour l'année 1519 : « à noble homme Françoys de Lannoy, l'un des enffants d'honneur du roy nostre sire et son cappitaine de ceste ville d'Amiens, pour ses gaiges et pension à lui deue à cause dudict office de cappitainerie pour cest an, échéant au jour Saint-Simon et Saint-Jude, qui lui a esté paié par le grant compteur, VIII^{xx} livres (2). »

---

(1) Augustin Thierry, documents inédits de l'histoire du Tiers-Etat, tom. I.

(2) Augustin Thierry (dans le même ouvrage) porte ces gages à 400 li-

Parmi les plus célèbres capitaines d'Amiens, nous nommerons Charles-le-Mauvais, roi de Navarre, proclamé par les bourgeois révoltés; Jacques de Saint-Fuscien, son bras droit, décapité en 1358, pour crime de haute trahison; Louis de Brimeu, tué à Azincourt; Philippe de Crèvecœur, depuis maréchal de France; Raoul de Lannoy; le sieur de Saveuse, auquel, en 1480, l'échevinage accorda le droit d'avoir une barrière devant la porte de son hôtel, situé rue des Tanneurs.

En réalité, les capitaines de la ville d'Amiens n'eurent jamais qu'une autorité secondaire, et le mayeur conservant toutes les attributions d'un commandant militaire, continua à rendre les ordonnances relatives à la sûreté et à la défense de la ville et à en garder les clefs. Cependant au mois de février 1542 il eut à se défendre contre les empiétements de François de Lannoy qui refusait obstinément de lui communiquer le mot du guet et voulait être présent à la reddition des comptes de la ville. Un arrêt du conseil du roi, débouta le capitaine d'Amiens de ces étranges prétentions. Le dernier de ces capitaines fut Antoine de Rune, chevalier de l'ordre, seigneur de Baisieu, qui exerça jusqu'en 1592, époque à laquelle il vendit son office au profit de la ville par contrat du 15 janvier, moyennant la somme de 600 écus. Deux ans après, au mois de septembre 1594, Henri IV, par sa déclaration, incorpora cette fraction au corps de la ville, afin, dit l'article 5 de cette déclaration, qu'il ait occasion de faire bonne garde et de nous répondre entièrement de la seureté de notre dite ville.

vres tournois au XIVe siècle. Decourt dans ses mémoires rapporte que ceux de David de Poix, capitaine en 1383, étaient de 60 florins d'or faisant 48 livres selon les comptes de la ville; ceux de Louis de Poix, en 1402, de 250 livres faisant 60 livres parisis selon les comptes de la ville.

En récompense de l'attachement que les Amiénois montrèrent à la couronne, Louis XI, pour resserrer les liens qui les y unissaient, leur accorda leurs plus beaux privilèges. C'est ainsi qu'en février 1471 il les exempta du ban et de l'arrière-ban. « Demeureront en la garde de ladite ville, dit-il, sans être contraints à aller en sa guerre (la guerre du roi) ne à ceste occasion payer aulcune somme de deniers, moyennant qu'ils soient tenus être armez et habillez suffisamment pour la tuicion et deffense de ladite ville. » Henri IV, Louis XIII et Louis XIV ratifièrent cet engagement.

Voici quel était, au xv.e et au xvi.e siècle l'état et le service de la milice et les prescriptions adoptées par la mairie et consignées au livre noir.

Tous les habitants sans exception devaient être armés. Nul maître, de quelque métier qu'il fut, ne pouvait être reçu à moins de justifier de la propriété d'une bonne arquebuse et d'un fourniment avec ceinture et épée, qu'il devait garder soigneusement sans pouvoir les vendre. Pour en assurer davantage la conservation, la loi les déclarait insaisissables, et il était expressément défendu aux sergents d'en faire l'exécution, et aux huissiers de les vendre à la criée sans la permission par écrit des membres de l'échevinage. Enfin, les privilégiés devaient avoir chez eux un morion, une arquebuse, un fourniment avec ceinture, épée et dague, une livre de poudre à canon et deux livres pesant de boullets à peine d'amende arbitraire; les joueurs d'épées, des épées à deux mains. En 1454 les registres de la ville constataient, outre les autres bourgeois, l'existence de 1,672 privilégiés portiers et gens du guet. En cas d'alarme, tous les habitants devaient se rassembler rapidement dans leur quartier au lieu habituel de leur réunion, menant avec eux leurs enfants et leurs serviteurs en état de porter les armes.

Le service ordinaire consistait en service de portes, guet

et réveil. Tous les habitants sujets à cette obligation étaient inscrits sur un registre par un fonctionnaire de la mairie nommé le greffier des portes, qui, chaque jour, avait charge de signer les billets des hommes commandés, en suivant leur ordre d'inscription sur son registre sans pouvoir l'intervertir sans autorisation expresse de l'échevinage. Il lui était également défendu de rayer du registre aucun bourgeois, sauf le cas de décès, ni de le changer de porte sans ordre écrit du maire (1). Il y avait aussi un greffier du guet spécial pour ce genre de service.

Les hommes commandés se rendaient sous les ordres de leur chef de porte à l'hôtel du mayeur pour y prendre les clefs. Arrivé à la porte qui lui était confiée, cet officier la faisait ouvrir, après s'être assuré qu'aucun danger n'était à redouter. Toutes les deux heures il faisait placer des sentinelles aux barrières en dedans et au dehors de la ville pour reconnaître ceux qui entraient ou sortaient, ne laisser passer aucunes gens armés sans exiger la représentation d'un passe-port, à moins que ce ne fut quelque seigneur connu et qu'on ne dut par honneur dispenser de cette formalité. Enfin, prescription, qui, si elle eut été rigoureusement suivie, eut empêché Amiens de tomber au pouvoir des Espagnols, on devait examiner soigneusement si les charretiers et autres qui voudraient entrer n'étaient pas déguisés, et si leurs charrettes ne cachaient point d'armes ou de munitions.

Le service des portiers réclamait donc une grande sévérité, aucun d'eux ne pouvait quitter son poste sans la permission du chef, auquel il était expressément recommandé de ne le

---

(1) Ce fonctionnaire était nommé par l'échevinage à la pluralité des voix ; il avait alors pour gages sept aunes d'Amiens, de drap pour une robe, 12 deniers par chaque mutation au registre, et était exempt de porte et réveil.

donner qu'en cas d'urgence. Ils devaient prendre leur repas par moitié et *sobrement*. Le soir venu, le chef de porte la fermait et reportait les clefs au mayeur auquel il faisait son rapport sur les événements du jour.

A ce service succédait celui connu sous le nom de réveil (1). Les bourgeois qui y étaient appelés devaient se trouver en armes aux portes à l'instant où on les fermait, et ne pouvaient quitter leur poste que le lendemain au retour des portiers. En cas d'absence, maladie ou légitime empêchement, ils devaient faire accepter leurs excuses au maire et fournir un remplaçant.

Quant au guet, chaque jour un officier de la mairie nommé sergent du guet des remparts, convoquait le nombre des dixainiers qu'il fallait, et leur commandait de réunir leurs escouades devant la maison du capitaine de la ville ou de son lieutenant; là on leur assignait leurs postes où ils devaient rester toute la nuit jusqu'à la réouverture des portes. Ce service n'admettait pas de dispense; et même en cas d'absence ou de maladie, le capitaine faisait remplacer le défaillant à ses frais.

Outre les membres des compagnies privilégiées, les seules personnes exemptes de porte, de guet et de réveil étaient le mayeur et ceux de sa porte avec deux dizaines des gens du guet de 40 hommes qui l'accompagnaient quand il lui plaisait d'aller la nuit faire sa ronde sur les remparts, le capitaine et ses lieutenants avec deux dizaines du même guet qui devait les accompagner dans leurs rondes, le prévôt royal, le greffier de la ville, le contrôleur des ouvrages, le greffier des portes, le greffier du guet, les sergents à masse, l'huissier de la ville, le serviteur des ouvrages, le trompette, le

---

(1) Le service de la garde nationale, partagé aujourd'hui en service de jour et de nuit, n'est qu'une tradition affaiblie du service de porte et réveil.

héraut, l'horloger, les deux petits portiers chargés de veiller, le sergent messier, le sergent du guet de nuit de la ville, celui du rempart, les déchargeurs de vin, les chaîniers, les serviteurs des portes, les guetteurs du beffroi, les guetteurs des grilles, le clocheteur, le saigneur, et le porteur des pestiférés et l'exécuteur de la justice.

Les graves événements qui marquèrent cette triste période de nos dissensions civiles qui prit nom la Ligue, éveillèrent la sollicitude un des plus honorables citoyens d'Amiens, Claude Lematre seigneur de Haudicourt. Comme échevin, pour mettre la ville à couvert contre les tentatives du prince de Condé, il fit adopter les mesures les plus efficaces. Les portes devaient être soigneusement gardées; les habitants des villages voisins furent tenus de faire des rondes de nuit avec des lanternes sourdes et des vases d'airain; les cabaretiers et les aubergistes, d'examiner les passants et de s'informer de leurs noms. On ordonna de plus que cent hommes courageux seraient prêts au moindre bruit à se rendre devant l'hôtel-de-ville, près duquel seraient établis des magasins d'armes. Enfin, pour exercer les bourgeois à bien manier le mousquet, on devait délivrer chaque fête ou dimanche des prix aux meilleurs tireurs. En 1580, trois fois par an les privilégiés et les bourgeois se disputaient au champ des Fées, vaste emplacement près du Mail, les prix fondés par la ville et consistant, le premier en un mousquet doré empreint des armes de la ville, le second en une harquebouse à meische, et le troisième en une épée ou dague (1). Enfin, en 1586, pour empêcher les troubles, l'échevinage établit une garde stationnaire en dix

---

(1) Registre Q des archives de la ville, folio 13. Dusevel, *Histoire d'Amiens*, 2.ᵉ édit., page 241. Qu'il me soit permis ici de témoigner toute ma reconnaissance à M. Dusevel, pour les encouragements bienveillants qu'il a bien voulu m'accorder.

points différents de la ville. Savoir : au Grand-Marché devant les rouges chapeaux, au Petit-Marché devant la nef d'argent, au carrefour Saint-Martin, à Notre-Dame, à Saint-Leu, au coin du Clairon, au puit des Wattelets, à Saint-Fremin à la Porte, à la Belle-Croix, et devant le grand portail de Saint-Denis.

Mais les courageux efforts de ce bon citoyen n'empêchèrent pas les Amiénois d'embrasser la Ligue. En 1596, il présenta encore de nouvelles mesures ; ses avis ne furent pas écoutés, et le 11 mars de l'année suivante il tombait, les armes à la main, en voulant défendre cette ville que son intelligence avait toujours cherché à préserver.

On sait qu'après avoir reconquis Amiens, Henri IV y laissa vingt compagnies de pied et trois de cheval ; mais au mois de novembre 1598, les bourgeois recommencèrent à monter la garde comme autrefois, par suite de l'affaiblissement de cette garnison.

La seconde moitié du règne de Louis XIV allait voir pâlir l'astre du grand roi ; les impolitiques entreprises des guerres de Hollande, les tentatives de contre-révolution en faveur de Jacques II, et la succession d'Espagne n'avaient pas encore amené les désastres qui les accompagnèrent, que déjà l'Etat obéré par les innombrables dépenses d'un budget sans cesse croissant et par le coup fatal que venait de porter à l'industrie l'inique révocation de l'édit de Nantes, se voyait forcé pour faire face à ses besoins, de recourir à la vénalité des charges, et le recueil des ordonnances de cette époque est un curieux échantillon de l'imaginative financière du pouvoir. Ce fut ainsi qu'en mars 1694, sous le prétexte apparent d'arriver à avoir des personnes capables de discipliner les bourgeois, et de remédier à la faveur et aux brigues des élections faites par les maires et les échevinages, mais en réalité pour remplir d'autant les coffres vides du Trésor, le roi, abolissant les emplois alors existants, s'avisa de créer dans toutes les villes et bourgs fermés du royaume, des offices héréditaires d'officiers de milice bourgeoise, qui dans les villes possédant à la fois évêché, bureau de finance et présidial, furent fixés au nombre de dix-neuf; savoir : un de colonel, un de major, huit de capitaines, neuf de lieutenants. Les titulaires de ces emplois devaient jouir de fort beaux avantages, tels qu'exemption de ban, arrière-ban, services de francs fiefs, logements de gens de guerre, ustensiles, et autres charges des villes de leur résidence, exemption de tutelle, curatelle, conseil de famille, commission de syndic, collecte de tailles et de scel. En outre la cote de leur taille devait, immuablement, rester sur le pied de celle de 1694, sauf l'augmentation du sol pour livre sur les acquisitions des biens qu'ils feraient par la suite. Beaucoup de villes, soit pour ne pas changer l'organisation de leurs milices, soit pour se maintenir dans l'intégralité de leurs priviléges, s'empressèrent de racheter le droit de procéder à ces nominations. Amiens paya, en cette circonstance, 44,000 livres, mais n'obtint, malgré ce sacrifice, qu'une demi-satisfaction, car sur les seize compagnies de milice, huit seulement eurent leurs officiers nommés par la mairie ; la disposition des autres ayant été attribuée par arrêt du conseil d'Etat, du 29 avril 1695, au sieur de Bar, gouverneur des ville et citadelle d'Amiens, qui s'était aussi présenté au conseil d'Etat, pour être pareillement reçu au remboursement de ces offices. Au mois de mai, M. de Bar reçut le serment des officiers de sa création, dans la maison du sieur Sallé, marchand gressier, basse rue Saint-Martin, où il était descendu (1).

L'état-major créé par l'édit de 1597, se composait d'un

---

(1) Pagès y préta serment comme chef de porte, il avait payé cette fonction 120 livres.

lieutenant du roi, d'un major, d'un aide-major, et d'un capitaine des portes; chargés du commandement militaire de la ville, la milice se trouvait naturellement sous leurs ordres, et devait être convoquée pour les reconnaître. Voici ce qui eut lieu pour la reconnaissance d'un major.

Le dimanche 20 juillet 1704, à quatre heures de l'après-midi, les capitaines, lieutenants, enseignes et chefs de portes des seize compagnies, s'étant rendus en armes, tambours battants, sur la place d'Armes, y furent mis en bataille. Là, M. Dufay de Grefontaines, lieutenant du roi, leur présenta, avec les formalités d'usage, M. de Fontenelles, pour nouveau major de la place ; il alla ensuite devant le front des compagnies privilégiées, rangées à l'entrée de la rue des Rabuissons, et qui saluèrent le nouvel élu de quelques décharges de mousqueterie, répéter la même cérémonie qui se termina par un défilé.

L'histoire de la milice bourgeoise ne nous offre plus qu'une longue suite de démêlés entre la mairie et l'état-major de la place, qui veut sans cesse empiéter sur les prérogatives municipales; c'est un conflit perpétuel que chaque jour ramène, que chaque occasion fait naître.

Déjà, en 1636, le duc de Chaulnes profite des excursions que les Espagnols font autour de la ville, pour dérober à la mairie l'administration de la garde bourgeoise. Il fit enlever de l'Hôtel-de-Ville le registre des portes, et en attribua la connaissance à M. Cornillon son lieutenant, Boncourt sergent-major et Maurepas capitaine des portes, qui signèrent les billets de garde. Sur la réclamation de la municipalité, le roi fit rétablir les choses en leur ancien état, et rendit même au corps municipal, par arrêt du camp de Démuin, la police des fortifications.

En 1690, nouveau conflit pour le même sujet entre la mairie et M. de Vierville, lieutenant du roi; nouvelles plaintes.

Une lettre de M. de Châteauneuf, ministre secrétaire d'état, adressée à M. de Bar, déclara qu'il devait en être usé comme par le passé, Sa Majesté ne désirant pas qu'il soit rien changé, et que les échevins soient interrompus dans leur possession légitime.

Après la promulgation de l'édit de 1694, le gouverneur veut attribuer une sorte de prééminence aux officiers de sa création; arrêt du conseil du roi, du 4 octobre 1695, qui ordonne entre autres choses que l'état des capitaines de milice bourgeoise arrêté entre le sieur de Bar, gouverneur de la ville d'Amiens, et les maire et échevins, sera exécuté selon sa forme et teneur, c'est-à-dire qu'ils feront le service chacun à leur tour sans distinction de ceux nommés par le gouverneur ou la mairie.

En 1707, nouvelles récriminations. Un règlement dressé en 1651, par le duc de Chaulnes, attribuait à l'échevinage la prononciation des peines portées contre les contrevenants. M. de Bar, son successeur, ratifiant cet usage par son règlement du 17 novembre 1653, prescrivait aux officiers de service de faire à l'Hôtel-de-Ville leur rapport sur les délits d'absence ou d'insubordination ; mais au mépris de ces dispositions, les officiers de l'état-major s'étaient arrogés le droit d'exercer les poursuites disciplinaires avec une sévérité et une brutalité d'exécution, sans aucun précédent, si ce n'est en pays conquis. A cet attentat à leurs prérogatives, les magistrats municipaux s'émurent, et adressèrent au roi, le 28 décembre, la supplique suivante, témoignage irrécusable de la tyrannie de ces officiers :

« SIRE,

» Les maire et échevins de la ville d'Amiens remontrent
» très-humblement à Votre Majesté que les premiers officiers
» de l'estat-major de ladite ville, veulent exiger des habi-

» tants un service plus exact, au fait de la garde de ladite ville,
» que celui des simples soldats nourris et vestus aux despens
» de Votre Majesté, sans payer aucuns tributs; que lesdits
» sieurs officiers condamnent et punissent par voie militaire
» les défaillants à la garde, et enlèvent les bourgeois de
» leurs maisons pour les constituer prisonniers comme des
» criminels, par grand scandal qui leur oste leur crédit et
» leur réputation, qui est l'âme de leur commerce; que tout
» cela se fait sans la participation des maire et échevins aux-
» quels seuls appartient la punition et la correction des man-
» quants au fait de ladite garde. Qu'outre cela, lesdits offi-
» ciers ont mis un impôt de leur chef sur lesdits habitants,
» de deux mille cinq cents livres par an, et une pareille
» somme sur les terres des fortifications de la ville, ce qui fait
» cinq mille livres par année, en poussant leur authorité le
» plus loin qu'ils peuvent, pour rendre chacun habitant leur
» esclave, et ainsi augmenter lesdits cinq mille livres autant
» qu'il leur sera possible.

» Pourquoy ils ont recours en Votre Majesté, en la sup-
» pliant très-humblement d'y pourvoir, s'il lui plaît, sur les
» mémoires de plaintes et pièces ci-jointes, et comme Votre
» Majesté, en pareille occurrence, a toujours soutenu lesdits
» habitants, et qu'ils sont continuellement occupez à fournir
» la finance extraordinaire qu'elle leur demande pour la
» guerre, ils espèrent d'elle cette grace, en priant Dieu pour
» sa prospérité et santé. »

Si ces vexations continuelles n'étaient pas toutes aussi pré-
judiciables à la liberté et à la bourse des Amiénois, elles consistaient alors en sanglants outrages contre leurs vieilles
franchises; c'est ainsi, qu'en 1755, le major défendait aux
compagnies privilégiées de paraître au feu que l'on faisait
chaque année, le 25 septembre, sur la place de l'Hôtel-de-
Ville, à l'occasion du renouvellement de l'échevinage, et d'es-

corter le maire qui devait l'allumer avec le lieutenant général au bailliage, en l'absence du gouverneur.

Il est plus que probable que toutes ces taquineries furent une des principales causes qui désorganisèrent la milice bourgeoise, et qui, en 1738, rendirent nécessaires la promulgation d'un nouveau règlement, édicté par le duc de Chaulnes, le 24 de septembre.

Ce règlement portait que les seize compagnies rendues à peu près égales en nombre, seraient à l'avenir composées chacune : d'un capitaine-commandant, d'un enseigne, d'un lieutenant, de six chefs de porte, de quatre sergents, de huit lieutenants d'escouade, de huit quartiniers, et d'un tambour, qui, outre la soumission qu'il devait aux chefs de sa compagnie, était subordonné à celui des deux tambours de la ville qui remplissait les fonctions de tambour-major de la milice.

Au sujet des officiers, tous ceux pourvus de provisions, de quelque grade que ce fut, qui tombaient en état de faillite, étaient déclarés inhabiles à remplir leurs charges, et dans les six mois qui suivaient leur déchéance, faute par eux d'avoir proposé des personnes capables et sans reproches pour leur succéder, le duc de Chaulnes se réservait d'y pourvoir par provision ou en faisant rembourser le prix de ces charges. Même disposition était adoptée pour le cas où les propriétaires d'offices vacants ne les auraient pas vendu sous trois mois. Enfin, tous les officiers furent tenus, à peine de nullité, de faire enregistrer au greffe de la ville et à celui des portes, dans les trois mois de leur date, leurs lettres de provisions, et après avoir prêté serment, de se faire reconnaître par l'aide-major, à la tête de leurs compagnies respectives.

Sous l'empire de ce règlement, une compagnie de milice bourgeoise montait chaque jour la garde, une heure avant la fin du jour. La compagnie, rassemblée devant la porte de son capitaine, se rendait sur la place d'Armes (1), les officiers en hausse-col, l'épée au côté, le sponton à la main, les sergents et les quartiniers avec la hallebarde. Là, le major de la place faisait l'appel, visitait les rangs, examinait avec soin si la tenue de chaque homme était conforme à l'ordonnance. Après avoir fait tirer au sort les différents postes et donné le mot d'ordre aux sergents et quartiniers réunis autour de lui, *chapeau bas*, il commandait le défilé. Deux escouades, sous les ordres du lieutenant, montaient la garde au poste de la place d'Armes ; une sous les ordres de l'enseigne, à la porte Saint-Pierre ; une au pont Saint-Michel ; une à la porte de la Hotoie ; une à l'Eperon, où était le magasin à poudre ; une à la porte de Beauvais et une à la porte de Noyon. Quant au capitaine, il n'avait pas de poste fixe, mais il devait les visiter tous de jour comme de nuit, pour s'assurer que le service y était exactement fait. Outre les sentinelles placées aux endroits jugés nécessaires pour la défense de la ville, et qui faisaient faction deux heures (et une heure seulement dans le cas de fortes gelées), il en était posé une, armée seulement de son épée, à la Poudrière ; une à l'hôtel du gouverneur, (en son absence à celui du lieutenant du roi ou du gouverneur de la place, quelque fut son grade) ; une chez le trésorier de France ; une à l'Hôtel-de-Ville ; une à la Monnaie, quand on y travaillait.

Les bourgeois qui manquaient à la garde, sans avoir obtenu de congé de leur capitaine, étaient passibles, pour la première fois, d'une amende de 3 livres, et de vingt-quatre heures de prison, en cas de récidive de 6 livres et de quarante-huit heures de prison. Les officiers, de 6 livres, puis de 12 livres ; enfin, pour la troisième fois, ils devaient vendre leurs charges. Les mêmes peines étaient infligées à ceux qui se

(1) Au Marché au blé, aujourd'hui place Périgord.

trouvaient absents, sans permission, lors des rondes des officiers de l'état-major. Toute sentinelle trouvée endormie ou ayant quitté son poste sans être relevé, était punie de 3 livres d'amende et d'au moins vingt-quatre heures de prison. Le chef de poste absent sans avoir été relevé, se voyait condamner à 12 livres d'amende et à l'interdiction provisoire de son emploi, jusqu'à ce que la cour en ait décidé ou qu'il s'en soit défait. Toutes ces amendes étaient prononcées sur simple assignation, par le maire auquel était réservé le droit d'application de la peine sans remise ni atténuation, et perçues au profit de la commune chargée du loyer et de l'entretien des corps-de-garde.

Mais toutes les mesures du duc de Chaulnes ne furent pas, il paraît, assez efficaces, ni très-ponctuellement appliquées, puisqu'en 1773, la plupart des compagnies manquaient d'officiers, et que les cadres ne se composaient plus que des citoyens les moins aisés à cause du nombre prodigieux d'habitants qui, chaque jour, parvenaient à se dispenser du service sur de prétendues exemptions. En vain les maire et échevins poursuivaient-ils; les délinquants pour éluder l'effet de leurs sentences, loin d'en appeler au gouvernement, seul juge compétent en cette matière, portaient leur recours devant les tribunaux civils. Pour remédier à ces fâcheux abus, une ordonnance royale du 11 janvier 1773, prescrivit aux maire et échevins, de dresser un nouveau rôle des habitants qui devaient composer les seize compagnies de milice bourgeoise (sans autre exemption que pour ceux dispensés de logement par l'article 57 du titre V de l'ordonnance militaire de 1768), et aux propriétaires des offices, de s'y faire recevoir sous le délai d'un mois, à peine d'être remplacés d'après les règles de l'arrêt du 19 novembre 1695.

Cette ordonnance confirmant les règlements du 24 septembre 1738 et du 24 avril 1769, maintenait la mairie dans la connaissance des faits de garde bourgeoise, conformément à la possession où elle en avait été jusqu'à ce jour ; faisait défense de se pourvoir contre ses sentences devant tout autre que l'intendant, pour les motifs d'exemption, et pour tous autres prétextes devant le secrétaire d'Etat, ayant le département de la province de Picardie ; mettant à néant l'appel que les notaires et procureurs de la ville avaient formé au bailliage contre une décision de la mairie, du 21 avril 1768, ainsi que toutes les procédures y relatives, elle leur enjoignait de faire *incontinent et provisoirement* le service en personne, sauf à se pourvoir, s'ils le jugeaient convenables, devant l'intendant, pour y exposer leurs prétendues exemptions.

Les troubles, les désordres qui agitèrent les principales localités, dès les premiers jours de la révolution de 1789, firent renaître partout où elles n'existaient plus, les milices bourgeoises. Ce grand mouvement patriotique qui enflammait alors tous les cœurs, ouvrit les cadres de la milice amiénoise à tous les citoyens de 16 à 60 ans, sans distinction de rang, qualité ou privilége ; placée alors sous les ordres du sieur Lacombe, colonel de cavalerie et chevalier de Saint-Louis, elle se composait des quatre compagnies dites privilégiées, de vingt compagnies d'infanterie, formant quatre bataillons, des deux compagnies d'auxiliaires de la jeunesse et d'une compagnie de volontaires à cheval. Après avoir porté quelque temps le titre de Milice citoyenne, comme le reste de la France, elle ne tarda pas à adopter le nom de Garde nationale.

Là, finit notre tâche, malgré toutes nos sympathies nous ne suivrons pas notre milice amiénoise dans la nouvelle carrière que lui ouvre la révolution. Nous pourrions raconter qu'on la vit en 92, marcher au secours de Lille bombardé ; sous l'empire, garder Flessingue, et Cadzan contre les Anglais ; naguères encore, en juin 1848, voler à la défense de la civilisation attaquée; mais tous ces évènements sont encore trop récents pour qu'au milieu des temps où nous vivons, la plume puisse les retracer avec la sévère impartialité que commande l'histoire : arrêtons-nous donc, trop heureux si le lecteur a trouvé dans cette notice, notre premier essai, un peu de cet intérêt que nous y avons cru rencontrer, et qui nous a soutenu dans nos recherches.

Amiens. — Imp. de Duval et Herment, place Périgord, 3.

www.ingramcontent.com/pod-product-compliance
Lightning Source LLC
LaVergne TN
LVHW020943090426
835512LV00009B/1693